WENN JUNGEN JUNGEN UND MÄDCHEN MÄDCHEN LIEBEN

Alles rund um Homosexualität

MARIE-LUISE KUNST

UEBERREUTER

ISBN 978-3-8000-5295-0
Umschlagfoto © Getty Images
Druck: Druckerei Theiss GmbH, A-9431 St. Stefan i. L.
7 6 5 4 3 2 1

Ueberreuter im Internet: www.ueberreuter.at

INHALT

Liebe Leserin, lieber Leser,

stell dir vor, du bist 13 Jahre alt. In der Schule sitzt neben dir ausgerechnet der süßeste Junge der ganzen Klasse. Plötzlich erwischst du dich dabei, dass du Bauchkribbeln bekommst, als er aus Versehen deinen Arm streift. Ist ja logisch, oder? Du hast jetzt nur ein einziges Problem: Du bist kein Mädchen. Und damit ist dieses Phänomen auf einmal nicht mehr so selbstverständlich. Du hast homosexuelle Gefühle und darauf haben dich wahrscheinlich weder deine Eltern noch deine Lehrer ausreichend vorbereitet.

Dieses Buch ist für all die geschrieben, die schwule oder lesbische Gefühle haben. Es ist aber auch für jene gedacht, die Schwule oder Lesben im Freundeskreis oder der Familie haben und vielleicht unsicher sind, wie sie mit dem- oder derjenigen umgehen sollen.

Zu guter Letzt hoffe ich, dass dieses Buch von vielen Schülern und Jugendgruppen gelesen und diskutiert wird. Denn noch immer gibt es viele Vorurteile gegen Homosexuelle, die schlicht auf Unwissenheit beruhen.

In der homosexuellen Welt gibt es jede Menge Spannendes zu entdecken. Deshalb bietet dieses Buch auch eine Fülle von Adressen und Weblinks. Ob du Hilfe von Gleichgesinnten brauchst oder einfach den ultimativen Tipp, welche Filme man gesehen haben muss, hier wirst du sicher fündig werden.

In diesem Sinne wünsche ich dir viel Spaß beim Lesen,
Marie-Luise Kunst

PS: Dieses Buch wendet sich an Mädchen und Jungen gleichermaßen. Ich bitte zu entschuldigen, wenn ich der leichteren Lesbarkeit zuliebe nicht überall im Text beide Geschlechterbezeichnungen verwendet habe.

Von ihren Erfahrungen berichten in diesem Buch:

Sylvie, 17 Jahre, Schülerin:
»Ich denke, dass mich auf der Straße niemand für lesbisch halten würde. Ich meine, ich trage keine Röcke und mag keine Schminke, aber so mit meinen Haaren und so, nein.«

Matthias, 26 Jahre, Krankenpfleger:
»Bis ich 21 war, habe ich mein Schwulsein nicht ausgelebt. Mir war total klar, dass ich schwul bin, eigentlich schon immer. Ich habe es nur nicht zugelassen am Anfang.«

Cornelia, 24 Jahre, Studentin:
»Für mich selbst war es überhaupt kein Problem, als ich merkte, dass ich lesbisch war. Eher die Frage, wie ich es Freunden und Eltern sage.«

Olaf, 27 Jahre, Krankenpfleger:
»Es wurmt mich, dass ich mich bei meinen Eltern nicht geoutet habe. Verstoßen würde ich nicht werden, aber es ist einfach eine große Überwindung.«

Katharina, 20 Jahre, Studentin:
»Ich würde mich momentan noch als bisexuell bezeichnen. Immerhin hatte ich bis vor Kurzem nur Männer, erst seit einem halben Jahr lebe ich lesbisch.«

Homo-hetero-trans-bi: Wie bitte?

Viele Begriffe begegnen einem tagtäglich in Gesprächen oder in den Medien. Bei den meisten weiß man auch so ungefähr, was sie bedeuten – aber woher kommen eigentlich Begriffe wie »homo«, »hetero«, »trans« oder »bi«?

Homosexualität (von griechisch »homós« = »gleich« und lateinisch »sexus« = »Geschlecht«):
Jungs lieben Jungs. Mädchen lieben Mädchen. Liebe und sexuelle Lust werden gegenüber Menschen des eigenen Geschlechts empfunden.

Heterosexualität (von griechisch »heteros« = »anders« und lateinisch »sexus« = »Geschlecht«):
Jungs lieben Mädchen. Mädchen lieben Jungs. Man liebt und begehrt Menschen des anderen Geschlechts.

Bisexualität (von lateinisch »bi« = »zweifach« und »sexus« = »Geschlecht«):
Die Welt steht einem offen! Sowohl Jungen als auch Mädchen werden als sexuell anziehend empfunden.

Transsexualität (von lateinisch »trans« = »hinüber« und »sexus« = »Geschlecht«):
Man steckt im »falschen Körper«, sieht zwar aus wie ein Junge, fühlt sich aber als Mädchen oder umgekehrt. Viele Transsexuelle lassen eine Hormonbehandlung oder Operation zur Geschlechtsumwandlung vornehmen, um Gefühl und Körper in Einklang zu bringen.

Transvestismus (von lateinisch »trans« = »hinüber« und »vestire« = »kleiden«):

Man zieht sich privat oder öffentlich gerne die Kleidung des anderen Geschlechts an. Transvestismus wird übrigens sowohl von Homo- als auch von Heterosexuellen praktiziert.

lesbisch:

Sie liebt sie. Der Begriff stammt von der griechischen Insel Lesbos, auf der im Altertum die homosexuelle Dichterin Sappho lebte.

schwul:

Er liebt ihn. Abgeleitet von »schwül« für »drückend heiß« wird dieser Begriff schon seit dem 19. Jahrhundert für männliche Homosexualität angewendet.

gay (englisch, ursprünglich »fröhlich«):

Wer modern und weltoffen ist, ist nicht schwul, sondern »gay«. Wird international als Bezeichnung für »schwul« verstanden.

queer (englisch, »vom Üblichen abweichend«):

Die große Gemeinschaft derjenigen, die sich nicht anpassen wollen. Mit »queer« sind eigentlich alle von der Heteronorm abweichenden Sexualpraktiken und Lebensformen gemeint. Der Begriff wird international aber vor allem in der Lesben- und Schwulenbewegung benutzt.

ICH BIN ICH

Manche wissen »es« schon immer. Sie würden von sich behaupten, schon im Kindergarten schwul oder lesbisch gewesen zu sein. Andere werden von ihrer Zuneigung zum eigenen Geschlecht erst als Erwachsene überrascht – oft nach mehreren heterosexuellen Beziehungen.

Die meisten Jungen und Mädchen aber stellen in der Pubertät zum ersten Mal fest, dass sie homosexuelle Gefühle haben. Nicht immer heißt das, dass sie ihr Leben lang nur Menschen des gleichen Geschlechts lieben werden. Es gibt Fälle, in denen sich ein Mädchen einmalig in ein anderes Mädchen verliebt und für den Rest seines Lebens nie wieder. Und es gibt bisexuelle Menschen, die beiderlei Geschlecht gleichermaßen lieben können.

Wenn du dich über längere Zeit, also monate- oder jahrelang, eindeutig nur von Leuten deines Geschlechts angezogen fühlst, wenn du gerne ihre Fotos betrachtest, dir vorstellst, ihnen auf irgendeine Art nahe zu sein, und wenn sie dir bis in deine nächtlichen Träume folgen, kannst du davon ausgehen, dass du schwul beziehungsweise lesbisch bist. Vielleicht bist du nicht sofort begeistert von dieser Entdeckung. Das geht vielen Jungs und Mädchen so.

Die Zeit, in der du lernst die eigenen Gefühle zu akzeptieren, nennt man »inneres Coming-out«.

Coming-out (englisch, »herauskommen«):
Wer anderen gegenüber offen bekennt, homosexuell zu sein, hat damit das berühmte »Coming-out«.

Viele trauen sich erst, jemand anderem ihre Homosexualität mitzuteilen, wenn sie sich ganz sicher sind. Der Punkt, an dem man diese Sicherheit erreicht, ist bei jedem unterschiedlich. Vielleicht fällt es dir wie Schuppen von den Augen, warum du schon seit Jahren in manchen Dingen andere Empfindungen hattest als andere, und du bist binnen kürzester Zeit felsenfest davon überzeugt, lesbisch zu sein. Oder du zweifelst ständig an dir und schleppst über mehrere Jahre ein bedrückendes Geheimnis mit dir rum. Es kann aber auch sein, dass es dir gar nicht so wichtig ist dich festzulegen und du gut damit klarkommst, die Dinge auf dich zukommen zu lassen.

EIN RICHTIGER JUNGE?
EIN RICHTIGES MÄDCHEN?

Bei meinen Eltern war Homosexualität das völlige Tabuthema. Beziehungsweise ist es auch immer noch. Deswegen habe ich mich da auch noch nicht geoutet.

Olaf, 27

Das Thema Homosexualität war in meiner Familie tabu. Ich weiß noch, dass ich mit meiner Mutter bei so Tanzturnieren war und da immer getuschelt wurde, dass einer der Wertungsrichter »vom anderen Ufer« sei, und das sei so schade, denn er könne doch an jedem Finger zehn Frauen haben. Das hatte immer was Peinliches und »Heimliches«, etwas, das man nicht laut sagen durfte.

Cornelia, 24

Ich bin religiös erzogen worden, aber ohne irgendwelche sexualmoralischen Vorbehalte. Mein Taufpate und mein

Firmpate sind beide schwul. Meine Eltern haben nichts gegen Homosexualität.

Katharina, 20

Ob es jemandem schwerfällt zu akzeptieren, dass er oder sie homosexuell ist, hängt zum großen Teil auch davon ab, welche Einstellung in der Familie und im Freundeskreis gegenüber Lesben und Schwulen herrscht. In vielen Familien wird gar nicht über Homosexualität gesprochen. Viele Leute wissen gar nicht Bescheid über Lesben und Schwule, sondern haben nur alles Mögliche gehört und nicht weiter darüber nachgedacht.

In manchen Familien werden Vorurteile ganz offen ausgedrückt, in anderen passiert das eher »durch die Blume« und es wird verlegen gelacht, wenn man das Thema anspricht.

Wenn Homosexualität bei euch zu Hause ein Tabuthema ist, dann hast du selbst dazu wahrscheinlich auch keine positive Einstellung aufbauen können. Etwas, worüber man nicht spricht, macht Angst, ist irgendwie peinlich.

Homophobie *(von griechisch »homós = »gleich« und »phóbos« = »Angst«):*

Angst vor der Homosexualität und damit auch den Homosexuellen, die manchmal die eigentliche Ursache für Vorurteile gegenüber Schwulen und Lesben ist.

Falls Homosexualität in deiner Familie ein Gesprächsstoff ist wie jeder andere auch, wenn ihr vielleicht sogar Freunde oder Verwandte habt, die offen schwul oder lesbisch leben, hast du Glück gehabt.

Doch selbst wenn deine Eltern fortschrittlich und tolerant sind: Vermutlich sind sie heterosexuell. Sie sind ein Mann und eine Frau, haben sich mal ineinander verliebt und eine Familie gegründet. Ihre Idealvorstellung ist wahrscheinlich das, was sie selbst erlebt haben: die Vater-Mutter-Kind-Familie. Und dir hat man, vielleicht ganz unbewusst, vermittelt, dass du, wenn du erwachsen bist, auch mal einen Menschen des anderen Geschlechts lieben und mit ihm Kinder haben wirst.

Jetzt hast du gemerkt, dass du anders bist. Du hast jetzt einen spannenden Weg vor dir: Du wirst dich von der altmodischen Vorstellung befreien, dass Mann und Frau die einzige mögliche Kombination sind. Und du wirst lernen, dass das Leben genauso viel Spaß machen kann, wenn man sich selber als homosexuell ansieht. Mit der Zeit wirst du die Vorurteile, die man dir eventuell mitgegeben hat, ablegen. Aber das kannst du nur, wenn du zu dir stehst und das lebst, was du bist.

Was du bist, hat aber nichts mit dem zu tun, was man dir vielleicht als falsches oder einseitiges Bild über Homosexuelle mitgegeben hat.

Ein Beispiel: Vielleicht hat man dir erzählt, dass Schwule »keine richtigen Männer« seien. Man erkennt sie angeblich schon am Gang und sie seien Memmen und unsportlich. Vielleicht hat das mit dem, wie du dich selbst siehst, nichts zu tun. Vielleicht bist du ein draufgängerischer Typ, der gerne Fußball spielt und in der Klasse wegen seiner frechen Witze beliebt ist. Prima. Dann lass dich nicht verunsichern. Du darfst trotzdem schwul sein!

Wenn du ein bisschen sensibler bist, hat das aber auch nicht unbedingt was mit Homosexualität zu tun. Es gibt massenhaft Männer, die auf Frauen stehen und bei traurigen Szenen im Kino Tränen in den Augen haben. Jeder ist so, wie er ist, und darf so sein. Hauptsache, du fühlst dich wohl damit!

Als Mädchen hast du vielleicht ein weniger klares Bild davon, wie Lesben angeblich sind. Über Liebe zwischen Frauen wird viel weniger gesprochen.

Aber vielleicht hast du so eine Vorstellung, dass eine Lesbe eher jungenhaft ist, kurze Haare hat und in Jeans-Latzhosen rumläuft. Wenn du dir gerade ein rosa Rüschenröckchen angeschafft hast und dein langes Haar offen über die Schultern wallen lässt, wenn du eine weibliche Figur hast und eher zart bist: Schön. Es gibt sicher viele andere lesbische Mädchen, denen das gefällt. Und wenn du auf Bäume kletterst, rotzfrech bist und Mode dir piepegal ist: auch gut. Das geht aber auch vielen heterosexuellen Mädels so.

Wie du aussiehst, was für Hobbys du hast und wie temperamentvoll und selbstsicher du bist, hat mit deiner sexuellen Orientierung nichts zu tun. Du würdest wahrscheinlich staunen, wenn du wüsstest, wer von den Leuten, die dir jeden Tag auf der Straße oder in der Schule begegnen, schwul oder lesbisch ist, obwohl sie einfach nur aussehen und sich benehmen wie alle anderen auch.

ACH WIE GUT, DASS NIEMAND WEISS ...

In Gedanken war mir immer klar, dass ich schwul bin. Ich habe oft darüber nachgegrübelt, so vor dem Einschlafen. Dann war klar: Ich bin schwul, und das ist so und das muss ich vielleicht auch ausleben. Aber dann habe ich doch so weitergemacht wie bisher. Es war für mich schon ein Problem. Ich habe immer gedacht, das darf einfach

nicht sein. Die Hoffnungen, die in einen gesetzt werden:
Familie gründen, Hof weiterführen und so. Das war ein-
fach bei mir nicht der Fall und ich habe mich schuldig ge-
fühlt. Ich hatte zwei Freundinnen. Ich wusste, dass das
nichts für mich ist. Aber jeder hatte eine Freundin. Um
dem Geratsche und Gehänsele aus dem Weg zu gehen,
war das der einfachere Weg.

Matthias, 26

Du bist dir also ganz sicher. Du schaust morgens in den
Spiegel und denkst: lesbisch.

Oder du schlüpfst als Junge in deine Jeans und nickst:
schwul. Alles ist glasklar. Dein Körper und deine Seele zeigen dir, dass es so ist.

Als Mädchen wünschst du deinem Vater ganz brav
beim Frühstück: »Guten Morgen!« und bist ganz die
süße Tochter. Deine Freundinnen küssen dich zur Begrü-
ßung.

Du steigst als Junge in den Bus zur Schule und begrüßt
wie jeden Morgen grölend deine Clique. Keiner ahnt etwas, das ist offensichtlich. Deine Freunde machen vor dir
Schwulenwitze. Keiner denkt sich was dabei. Du bist einer von ihnen. Jedenfalls derjenige ist es, den du von
morgens bis abends spielst.

Bravo! Du hast Schauspieltalent.

Vielleicht denkst du: Solange es keiner weiß, ist es
nicht so schlimm. Solange ich so tue, als wäre es nicht
so, gehöre ich dazu. Und ich kann mir einreden, dass ich
genauso bin wie die anderen. Dann suchst du dir als
Mädchen einen Jungen aus, den du ganz okay findest,
und schwärmst vor deinen Freundinnen von seinen schönen Augen. Oder du gibst als Junge damit an, wie viele

Mädels du schon abgeknutscht hast, obwohl du dir nichts sehnlicher wünschst, als mal einen von deinen Kumpels zu küssen. Und irgendwann passiert es vielleicht. Da kommt dieser Junge mit den schönen Augen auf dich zu und fragt dich, ob du mit ihm ins Kino gehen willst. Oder du bist auf einer Party und knutschst vor aller Augen mit einem Mädel. Und du hoffst, dass du dabei schon noch mehr fühlen wirst, wenn du dich nur dran gewöhnt hast.

Wenn du dann alleine in deinem Bett liegst und an die Decke starrst, weißt du, dass du dir was vormachst. Denn du bist schon seit zwei Jahren in deine beste Freundin verliebt. Beziehungsweise du weißt schon lange, dass dich Jungs viel mehr anmachen als Mädchen.

Viele junge Homosexuelle haben erst auch Beziehungen mit andersgeschlechtlichen Partnern. Da kann auch Verliebtheit mitschwingen, kaum jemand ist so hundertprozentig homo- oder heterosexuell, dass das nicht im Einzelfall möglich wäre. Wenn du willst, probier ruhig aus, ob du dich wohlfühlst, wenn du als Mädchen einen Jungen küsst oder neben ihm im Bett aufwachst. Solange du nicht mit seinen Gefühlen spielst, ist das in Ordnung. Vielleicht magst du ihn so sehr, dass ihr eine schöne Zeit miteinander habt. Und vielleicht merkst du später zum ersten Mal mit einem Mädchen, wie viel aufregender das für dich ist. Wenn du dich aber mit einem Jungen von Anfang an nicht gut fühlst, dann lass es sein. Vertrau deinem eigenen Gefühl! Ein dauerhaftes Versteckspiel tut selten gut und man kann sich dann auch nie sicher sein, dass nicht irgendwie auf eine ungewollte oder unangenehme Art herauskommt, dass man ganz anders fühlt, als man handelt.

ICH BIN HOMOSEXUELL

Mit etwa 13, 14 habe ich mir die Coupé gekauft. Da waren auch Männerfotos drin. Zu dem Zeitpunkt war ich viel mit meinem Cousin unterwegs. Dann hat es sich auch mal ergeben, dass wir zusammen im Bett lagen. Wir haben uns gestreichelt und gewichst. Das hat sich ein paarmal wiederholt, es ging so ein oder zwei Jahre lang. Er hat dann aber gemerkt, dass das nicht seins ist. (...) Mit 17, 18 wollte ich es noch mal ganz genau wissen und hatte über neun Monate eine Beziehung mit einer Frau. Wodurch ich aber nur merkte, dass es das nicht ist. Ab da war es für mich dann klar.

Olaf, 27

Ich hatte nie besonderes Interesse an Jungs. Aber ich dachte einfach, das ist halt so. Ich wäre nicht auf die Idee gekommen, dass das bedeutet, dass ich Frauen mag. In der Theorie wusste ich über Homosexualität Bescheid. Aber das hatte mit mir nichts zu tun. Als ich 16 war, habe ich öfters mit einem anderen Mädchen gemailt. Das hatte gar nichts mit Homosexualität zu tun, wir haben uns über »Akte X« ausgetauscht. Irgendwann hat sie mir mitgeteilt, dass sie bisexuell ist. Da erst habe ich über die Möglichkeit nachgedacht. Im Nachhinein ist mir klar geworden, dass ich auch schon mit 14 in Mädchen verliebt war, dass das mehr war, als nur sie »toll« finden.

Cornelia, 24

Wann und ob du jemals von dir behaupten wirst, homosexuell zu sein, ist nicht sicher. Wichtig ist nur, dass du irgendwann an den Punkt kommst, an dem du sagst: So bin ich, so liebe ich und so ist es gut.

Wenn du lieben kannst, egal ob einen Jungen oder ein Mädchen, dann ist das wunderbar. Dann solltest du dich selbst aber auch lieben und nicht dafür verurteilen, dass du in der Hinsicht ein bisschen anders drauf bist als die meisten.

Das geht nicht unbedingt von heute auf morgen. Aber du kannst es dir ja schon mal vornehmen. Und irgendwann merkst du vielleicht: Wahnsinn, wenn ich überlege, wie es mir letztes Weihnachten ging! Ich fühle mich viel besser als vor einem Jahr.

Eine große Hilfe auf diesem langsamen Weg können dir sicher andere Menschen sein, die dir Bestätigung und Liebe geben. Schau, ob du Lesben oder Schwule findest, die für dich ein Vorbild sein können. Ob du irgendwo eine Jugendgruppe auftust, in der du mit anderen lesbischen oder schwulen Jugendlichen was unternimmst. Ob du es schließlich schaffst, mit deinen Eltern oder Schulfreunden zu sprechen. Und ärgere dich nicht über dich selbst, wenn es nicht so toll läuft, wie es hier erst mal klingt.

Auch wenn du nicht homosexuell wärst, würde in deinem Leben schließlich nicht alles perfekt laufen. Du wärest auch unglücklich verliebt, du hättest auch Krach mit deinen Eltern, du würdest auch schlechte Noten schreiben.

Deine Feststellung, dass du lesbisch oder schwul bist, steht für dich momentan im Mittelpunkt, weil die Liebe nun mal etwas ganz Wichtiges im Leben ist.

Aber trotzdem bleibst du doch das, was du bist: ein Teenager mit all den Problemen, die man eben so hat. Und du wirst auch kein anderer Mensch, nur weil du jemandem sagst: Du, übrigens, ich bin schwul. Ob du zwei Wochen oder zehn Jahre brauchst, bis du dich so akzeptierst, wie du bist, ist nicht so wichtig. Solange du das Ziel nicht aus den Augen verlierst.

DAS COMING-OUT

Für viele ist das Coming-out wichtig, um mit dem Versteckspiel aufzuhören und endlich auch zu Hause, in der Schule und im Freundeskreis sie selbst sein zu dürfen. Für manche wäre es aber auch eine Katastrophe, wenn Eltern und Freunde wüssten, was mit ihnen los ist.

Jeder ist anders, jede Familie, jedes Dorf und jede Stadt ist anders. Es kann dir deshalb niemand ein Patentrezept liefern. Aber du kannst aus den Erfahrungen lernen, die andere mit dem Coming-out gemacht haben, und dich darauf vorbereiten.

LIEBE MAMA, LIEBER PAPA!

Ich habe mich an meinem 15. Geburtstag geoutet. So nebenbei beim Abtrocknen habe ich meiner Mutter gesagt, dass ich lesbisch bin. Und die war total cool drauf. Sie meinte, sie hätte sich das schon gedacht. Mittlerweile findet sie das echt toll und unterstützt mich, wo sie kann. Ich wollte es meinem Vater noch sagen, aber da hatte es meine Mutter ihm schon erzählt. Meine Eltern haben überhaupt kein Problem damit, dass ich lesbisch bin. Letztes Jahr sind sie sogar selbst bei der CSD-Parade[1] mitgegangen und haben Regenbogenflaggen geschwenkt.

Sylvie, 17

Bei meinen Eltern habe ich mich erst mit 19, also 3 Jahre nachdem es mir selbst bewusst geworden ist, geoutet. Mein Vater hat am Anfang total überreagiert, mich im ersten Gespräch nach meinem Coming-out gefragt, ob ich jetzt heiraten will oder was, ohne mich vorher zu fragen, ob ich überhaupt eine feste Freundin hatte. Später war für ihn dann nur wichtig, dass Kollegen ihn nicht damit in Verbindung bringen, weil ich mich ja auch engagiere und deshalb manchmal mit vollem Namen in der Zeitung stand. Seit einem Jahr habe ich das Gefühl, dass es sich normalisiert und es auch okay ist, dass ich in der Szene öffentlich aktiv bin.

Cornelia, 24

Die Zeit ist also reif dafür. Du hast vielleicht mit dir gekämpft, hast versucht es zu verleugnen und bist immer wieder am selben Punkt gelandet: Du hast dich wieder in einen Jungen verliebt. Du hast wieder Herzklopfen bekommen, als deine Freundin dich zum Abschied umarmt hat. Vielleicht bist du auch schon einen Schritt weiter und hast Kontakt zu anderen Schwulen oder Lesben aufgenommen. Vielleicht hast du sexuelle Erfahrungen gemacht oder deine erste Liebe gefunden. Auf jeden Fall hast du jetzt keinen Bock mehr, dich zu verstecken.

Erst einmal musst du dir überlegen, bei wem du mit dem Coming-out anfängst: bei der Familie oder bei den Freunden. Du kannst aber davon ausgehen, dass deine Eltern eher gekränkt sind, wenn sie zufällig über Gerüchte von deiner sexuellen Orientierung erfahren, als Leute aus deinem Freundeskreis. Außerdem: Wenn die halbe Schule davon weiß, dann wird es schwierig, es noch vor Mama und Papa geheim zu halten.

Für viele ist es besonders wichtig, dass die Eltern endlich wissen, wie es um ihren Sohn oder ihre Tochter steht. Immerhin sind sie die Leute, die dich erzogen haben und die dir ziemlich nahestehen. Wahrscheinlich liebst du sie mehr als deine besten Freunde, auch wenn sich der Kontakt zu den Eltern in der Pubertät immer mehr lockert und der zu den Freunden immer enger wird.

Es gibt wahrscheinlich keine Variante, die noch keiner bei seinem Coming-out ausprobiert hat. Deiner Fantasie sind keine Grenzen gesetzt. Wichtig ist, dass du dir genau überlegst, wie deine Eltern drauf sind und auf welche Art sie – und auch du – am besten mit dieser Mitteilung klarkommen werden.

Checkliste Coming-out

	Ja	Nein
Ich habe bei meinen Eltern schon mal vorgefühlt und weiß, wie sie zu Homosexualität stehen. (z. B. Haltung gegenüber schwulen und lesbischen Bekannten, Einstellung zu prominenten Homosexuellen, Schwule und Lesben in Filmen, allgemeine Vorurteile etc.)	☐	☐
Ich kann einschätzen, wie gut ich mit meinen Eltern über schwierige Themen sprechen kann.	☐	☐
Ich weiß, ob meine Eltern und ich besser damit klarkommen, wenn ich mit ihnen gemeinsam oder einzeln spreche.	☐	☐
Ich kann mir vorstellen, dass Mama und Papa erfahren, dass ich schwul beziehungsweise lesbisch bin.	☐	☐
Ich habe mir überlegt, ob ich einen Dritten als Helfer nehme (z. B. ältere Geschwister, erwachsene Freunde der Eltern).	☐	☐

	Ja	Nein
Ich habe mir überlegt, ob ich erst einmal einen Brief schreibe oder es lieber gleich mündlich anspreche.	☐	☐
Ich habe mir eine Situation vorgestellt, in der sowohl ich als auch meine Eltern Zeit haben und innerlich stabil sind (z. B. zu Hause im Wohnzimmer, abends, in harmonischer Grundstimmung).	☐	☐
Ich bin darauf vorbereitet, dass es auch einfach so »rauskommen« könnte.	☐	☐

Du hast fast alle Aussagen mit »Ja« ankreuzen können? Super! Dann bist du gut auf dein Coming-out vorbereitet. Wichtig ist, dass du dich jetzt noch mit den Punkten beschäftigst, die haken.

Besonders häufig kommt vor, dass jemand sich nicht vorstellen kann, mit seinem Vater über das Thema Sexualität zu sprechen. Irgendwie sind dafür oft die Mütter zuständig.

Wenn du willst, kannst du nur mit deiner Mutter darüber sprechen, dass du schwul oder lesbisch bist. Aber erstens muss deine Mutter das ja auch erst verarbeiten und will vielleicht mit ihrem Mann darüber sprechen. Und zweitens hast du damit das Geheimnis in der Familie nach wie vor nicht gelüftet, das heißt, du kannst nach wie vor nicht sagen: »Tschüss, ich gehe jetzt zu meiner schwulen Jugendgruppe!« Oder: »Morgen Nachmittag kommt Clara vorbei. Wir gehen miteinander.«

Überleg dir also gut, ob du es wirklich nicht beiden sagen kannst.

Dann gibt es noch diese Situationen im Leben, in denen man eigentlich den Mund halten wollte und es dann doch sagt. Man ist sauer, weil die Eltern einen ungerecht behandelt haben, und denkt sich als »Rache« die schlimme Mitteilung aus: »Gut, es ist eh egal, ob ich zu Sarahs Party gehen darf oder nicht. Ich bin nämlich schwul!« Oder: »Ich will aber ein Piercing. Aber keine Angst, Jungs will ich damit nicht aufreißen. Ich steh nämlich auf Mädchen.«

Solche Situationen sind zwar wahnsinnig reizvoll. Aber es bringt dir gar nichts, wenn du aus deiner Homosexualität eine Waffe machst. Damit steht sie nun zwischen euch und kann kein Thema werden, über das man normal sprechen könnte.

Sollte es dir aber eben doch passieren, denn du bist ja auch nur ein Mensch, dann versuche das Ganze noch mal anzusprechen, wenn die Stimmung entspannter ist. Die eigenen Gefühle und Sexualität sind zwar nichts, worüber sich leicht sachlich diskutieren lässt. Aber wenn du Verständnis bekommen willst, solltest du zumindest die besten Voraussetzungen dafür schaffen.

UND DIE MUTTER BLICKTE STUMM …

Der Lebensgefährte meiner Mutter ist Taxifahrer. Er hat mal am Abendessenstisch eine Viertelstunde herumgedruckst, dass er da heute so einen Fahrgast hatte und ob er das vor den Kindern überhaupt sagen könnte … Da war ich 18 und mein Bruder war 16! Der sei so anders gewesen. Ich habe ihn dann geradeheraus gefragt, ob er homosexuell meine. Da hat er »Ja« gesagt. Und mehr war nicht, gar keine Geschichte, er wollte nur erzählen, dass er heute einen Schwulen im Auto gehabt hatte. Ich hatte zu der Zeit schon längst mit einer Frau geschlafen, aber das wussten sie nicht.

Cornelia, 24

Ich kann mich daran erinnern, dass wir einmal essen waren, meine Eltern und ich. Zwei Tische weiter saß ein lesbisches Pärchen und mein Vater hat ganz laut gesagt: »So was gehört vergast.« Seine Einstellung wurde sehr deutlich und von daher habe ich noch nie was gesagt.

Olaf, 27

Wenn deine Eltern eine extrem negative Einstellung gegenüber Homosexuellen haben, solltest du dir gut überlegen, ob du dir ein Coming-out antust. Vielleicht ist es besser, damit zu warten, bis du erwachsen bist, nicht mehr zu Hause lebst und dein eigenes Geld verdienst. Aus dem Gefühl der Unabhängigkeit heraus kann man leichter riskieren, dass die Eltern einen mit Ablehnung oder Verachtung strafen.

Vielleicht sind deine Eltern aber ganz okay. Trotzdem hast du Bammel vor ihrer Reaktion. Davor, deine Mama so zu schocken, dass sie nichts mehr zu sagen weiß. Oder dass dein Vater wutschnaubend im Wohnzimmer auf und ab rennt und schlimme Sachen schreit. Dass sie weinen. Oder dass sie nur sagen: Ach so? Und dann nach deiner Note in Mathe fragen und das Thema nie wieder ansprechen.

Wissen kannst du nicht, wie deine Eltern reagieren. Das Leben ist voller Überraschungen. Vielleicht sind sie erleichtert, dass du es endlich sagst, weil sie es sowieso schon geahnt haben. Oder sie reagieren erst sehr temperamentvoll und nach ein paar Tagen hat sich die Situation schon halbwegs beruhigt. Auf jeden Fall ist es nützlich, wenn du dich gut informiert hast, bevor du dich ihnen anvertraust. Dann weißt du selber nämlich schon mehr über Homosexualität als sie und kannst auf ihre Fragen antworten. Und du hast Adressen griffbereit, an die du dich wenden kannst, falls du Hilfe brauchst.

Negative Elternaussagen und wie du darauf reagieren kannst:

Das ist sicher nur eine Phase. Du bist ja noch so jung. In der Pubertät kommt so was vor.	Ich bin mir ganz sicher. Ich fühle schon seit Jahren, dass es so ist. Ich würde es nicht sagen, wenn ich mir nicht sicher wäre.
Aber du hast doch immer auch Jungen/Mädchen gehabt, mit denen du dich gut verstanden hast. Vielleicht war einfach noch nicht der/die richtige dabei!	Die Jungen/Mädchen, mit denen ich Zeit verbringe, sind meine guten Freunde. Aber ich fühle nicht dasselbe für sie wie für Leute des gleichen Geschlechts.
Wir suchen dir einen guten Therapeuten. Das kommt schon wieder in Ordnung.	Homosexualität ist keine Krankheit. Ich möchte nicht anders sein, als ich bin.
Wie kannst du uns das nur antun? Wie sollen wir das nur Oma beibringen. Und wir dachten immer, du heiratest mal und bekommst selber Kinder.	Es tut mir leid, wenn ich eure Erwartungen nicht erfülle. Aber ich bin nun mal so, wie ich bin. Oma wird damit leben müssen und ihr auch. Aber vor allem werde *ich* damit leben.

Lass deinen Eltern Zeit. Denk dran, dass auch du Zeit gebraucht hast, um dich an den Gedanken zu gewöhnen.

Viele Eltern reagieren erst einmal geschockt. Mit der Zeit merken sie aber, dass du noch immer der- oder dieselbe bist wie vorher mit all deinen liebenswerten Eigenschaften. Dass du dich gut entwickelst, sei es schulisch oder im Kontakt mit deinen Freunden. Und dass die Schwulen oder Lesben, die sie durch dich mit der Zeit kennenlernen, sympathische und vertrauenswürdige Leute sind.

Die Sache mit der »Phase«

In den Jahren vor der Pubertät haben viele überhaupt kein Interesse am anderen Geschlecht. Mädchen spielen mit Mädchen, Jungen mit Jungen.

Wenn dann in der Pubertät die Hormone dafür sorgen, dass man sexuelle Gefühle entwickelt, kann es zunächst ein ganz schönes Durcheinander geben. Auch die Antwort auf die Frage, wen man spannend findet, kann sich ständig verändern.

Weil die Hormone in der Pubertät manchmal verrücktspielen, hoffen manche Eltern, dass die homosexuelle Neigung ihres Kindes vorübergehend sein könnte. Dies ist zur Zeit des Coming-out aber sicher selten der Fall, weil die meisten sich erst outen, wenn sie sich ganz sicher sind. Bestehe darauf, dass deine Gefühle ernst genommen werden, auch wenn sie noch nicht eindeutig sind. Egal in welche Richtung sich deine Sexualität entwickelt, ob sie sich auf das eine oder andere Geschlecht festlegt oder auch nicht: So, wie es ist, bist du okay. Und wenn deine Eltern wollen, können sie auch nach 30 Jahren homosexueller »Phase« noch sagen, dass das Ganze vorübergehend sein könnte.

Auch deine Eltern brauchen vielleicht jemanden, mit dem sie über die veränderte Situation reden können. Vielleicht kennst du Eltern von anderen Schwulen oder Lesben oder du kannst deinen Eltern die Adresse einer Organisation für die Angehörigen von Homosexuellen geben (s. Adressen ab Seite 120).

Wenn du aber das Gefühl hast, die Situation bei euch zu Hause renkt sich überhaupt nicht ein, dann solltest du dir selbst Hilfe suchen. Je nachdem, wie krass die Reaktion deiner Eltern ist und wie alt du bist, kann das Jugendamt dir unterschiedliche Formen der Unterstützung anbieten (siehe auch »nach dem Familienkrach« ab Seite 103).

WIE SAG ICH'S MEINEM LEHRER?

Ich besuche eine Klosterschule. Deshalb bin ich sehr vorsichtig, mich dort zu outen. Nur zwei Mädchen wissen davon. Meiner Banknachbarin könnte ich es nie sagen, die hat ein Problem damit. Ich habe das Thema nur mal vorsichtig angerissen. Und die Nonnen dürften es nicht erfahren, die würden es nie akzeptieren.

Katharina, 20

In der Schule habe ich es am Anfang nur einer Freundin erzählt. Aber obwohl ich gesagt habe, sie soll es nicht gleich herumerzählen, wussten es dann bald ganz viele hintenherum.
Na ja, es ist eine Mädchenschule, da wird viel getratscht. Es gibt schon Leute, die damit nichts anfangen können. Aber ich bin nie offen angegriffen worden.

Sylvie, 17

Bei uns auf dem Dorf war Homosexualität das totale Ta-
buthema. Das wurde an den Pranger gestellt: Ah, guck
mal, der ist schwul! So etwas spricht sich auch im Dorf
schnell rum. Deshalb weiß niemand von dort irgendwas,
was ich hier so treibe.

Olaf, 27

Ich habe niemanden gekannt, der schwul war. Nur von
mir hat man gesagt, ich sei schwul, ab einem Alter von
etwa 13, 14 Jahren. Ich glaube mich normal verhalten zu
haben. Ich war vielleicht einfach nicht dieser harte Junge
wie irgendwelche anderen Leute aus der Klasse. Über Ho-
mosexualität wurde, wenn, dann negativ gesprochen. In
der Schule und im Freundeskreis hat man darüber ge-
lacht. Die Leute im Dorf wissen es jetzt zwar alle, aber das
ist mir nicht mehr wichtig. Ich bin dem einfach entwach-
sen. Ich bin jetzt hier und nur ein paarmal im Jahr zu Hau-
se. Es gibt keinen Grund, mit den Leuten dort gut Wetter
zu machen. Was die denken oder nicht, ist mir relativ
wurst. Ich kriege aber auch nicht mit, was über mich ge-
sprochen wird, wenn ich nur mal kurz da bin.

Matthias, 26

Um es erst einmal klarzustellen: Du hast niemandem gegenüber die Pflicht, über deine innersten Gefühle Aus-
kunft zu geben. Jetzt nicht und auch nicht später, wenn
du erwachsen bist. Dein Lehrer, dein Chef, dein Vermieter,
das sind alles Leute, die dein Privatleben nichts angeht.
Wenn du im Einzelfall trotzdem das Bedürfnis haben solltest, ihnen mitzuteilen, dass du schwul beziehungsweise
lesbisch bist, vergiss trotzdem nicht, dass der andere am
längeren Hebel sitzt, weil er dich benotet, dir deinen Lohn
auszahlt oder deine Wohnung kündigen kann.

Vielleicht hast du das Gefühl, du kannst mit deiner Lehrerin besser reden als mit deiner eigenen Mutter. Nur zu, dann traue deinem Instinkt. Aber vergiss nicht, dass sie morgen wieder vor der Klasse steht und dich in Geschichte ausfragt.

Solltest du Lehrer haben, die selbst ihre Homosexualität offen leben, dann sieht die Sache natürlich besser aus, weil du keine Vorurteile befürchten musst. Wenn du ihn oder sie außerdem sympathisch findest, nimm Kontakt auf.

Wichtiger ist dir sicher das Coming-out gegenüber deinen Freunden und Klassenkameraden. Mit ihnen verbringst du teilweise deine Freizeit und quatschst über Gott und die Welt. Es kann eine große Erleichterung bedeuten, wenn du dich vor ihnen nicht länger verstecken musst. Falls du sie schon länger kennst, kannst du ihre Reaktion einigermaßen einschätzen.

Doch Vorsicht! Gerade beim Thema Sexualität ist man vor Überraschungen nicht gefeit. Manch einer, bei dem du Angst hattest, es zu erzählen, reagiert vielleicht total gelassen. Und ein anderer ist vielleicht wie vor den Kopf gestoßen, obwohl er sonst immer so locker wirkte. Stell dich also auf jede Art der Reaktion ein und auf keine!

Du wirst sicher spüren, ob du dich vor der ganzen Klasse outen willst oder nur vor ein paar Leuten, mit denen du dich gut verstehst. Das Problem, falls du es nicht allen sagst, ist jedoch, dass die Gerüchteküche in Schulklassen – und Gruppen allgemein – oft heftig brodelt. Du kannst also nie sicher sein, dass es nicht im Laufe von ein paar Wochen doch alle wissen.

Eine Möglichkeit ist, einfach für dich zu behalten, dass du homosexuell bist. Das ist nicht feige, sondern klug. Vielleicht reicht es, wenn deine besten Freunde davon wissen und deine Familie. Wenn du dich aber vor deiner Klasse outen willst, gibt es vielleicht Lehrer, die dich unterstützen und die in ihrer Stunde Homosexualität thematisieren. Dann könnt ihr gleich die ganzen Vorurteile, die in den Köpfen rumschwirren, ausräumen. Und eventuelle Störenfriede merken, dass du nicht als Außenseiter dastehst, sondern in der Klasse und bei den Lehrern Rückendeckung hast.

Bei einem Schulwechsel oder wenn du nach der Schule eine Lehre anfängst oder studierst, solltest du erst einmal die Stimmung antesten. Nicht überall trifft man auf lockere und tolerante Leute. In der Regel aber werden die Menschen umso natürlicher reagieren, je selbstverständlicher man seine Homosexualität lebt. Dann kannst du auch am ersten Abend im Ferienlager völlig Unbekannte wissen lassen, dass du nicht nur eine tolle Sängerin bist oder super Basketball spielst, sondern dass du im Übrigen auch lesbisch oder schwul bist. Empfindest du deine eigene Homosexualität noch nicht als selbstverständlich, werden das jedoch auch die anderen spüren. Dann setz dich nicht unter Druck. Du musst weder dir noch irgendjemandem sonst was beweisen.

Solltest du nach deinem Coming-out in der Schule von Leuten schikaniert werden, hol dir unbedingt Hilfe. Du musst dir das nicht gefallen lassen!

AUF MEINER STIRN STEHT: HOMOSEXUELL!

Jedem, der mich darauf anspricht, dem sage ich, was ich bin. Ansonsten erzähle ich das nicht jedem. Ich komme nicht auf eine Party und sage: »Hallo, ich bin der Olaf und ich bin schwul.« Das bringt mir nichts. Meine Erfahrung ist, dass die Leute locker reagieren. Ich habe bisher nicht bewusst mitgekriegt, dass sich Leute von mir abgewendet hätten. Da sind meine Erfahrungen positiv. Sowohl privat als auch im Job.

Olaf, 27

Am Anfang war es so, dass es nur meine Schwestern gewusst haben, aber es hat sich gesteigert. Seit etwa zwei Jahren weiß es jeder. Und ich mach da auch kein Hehl draus. Ich habe fast nur gute Erfahrungen damit gemacht mich zu outen.

Matthias, 26

Du hast es hinter dir. Jetzt wissen es alle. Oder zumindest alle, die es deiner Meinung nach wissen sollten. Dein erstes Coming-out ist dir gelungen. Wieso erstes?

Du bist jetzt vielleicht 13. Oder 16. Du gehst wahrscheinlich zur Schule. Wenn du achtzig wirst oder neunzig und bis dahin schwul oder lesbisch lebst, dann wirst du vermutlich noch Hunderten und Tausenden von neuen Menschen begegnen. Von denen, mit denen du zusammen studierst oder eine Ausbildung machst, über spätere Kollegen und Sportsfreunde bis zu deinen Zimmernachbarn im Altersheim.

Eine komische Vorstellung, oder? Aber vielleicht sitzt du mal als alte Frau im Aufenthaltsraum eines Seniorenheims, guckst über die Lesebrille und erzählst einer anderen alten Frau, dass du lesbisch bist. Man hört ja nicht auf, Gefühle zu haben oder sexuelle Bedürfnisse. Und man hört nicht auf, schwul oder lesbisch zu sein.

Mit der Zeit kann aber das anstrengende Coming-out auch zur Routine werden. Du hast dich dran gewöhnt, ja, du bist vielleicht sogar stolz darauf, anders zu sein und zu einer Szene zu gehören, der man bestimmte positive Eigenarten zuspricht. Und dann kommt deine Homosexualität im Gespräch so rüber, wie andere sagen »Ich habe einen Hund« oder »Ich fahre jeden Winter in den Skiurlaub«.

Trotzdem bedeutet das aber auch, dass du vermutlich dein Leben lang zu einer Minderheit gehören wirst. Zum Glück wird unsere Gesellschaft in sexueller Hinsicht immer toleranter und experimentierfreudiger. Dadurch wird das Bekenntnis zur Homosexualität vielleicht einmal ungefähr so spektakulär, als ob heute ein Mädchen auf einer Party sagt: »Ich lebe mit meinem Freund zusammen, wir sind nicht verheiratet und wir haben's auch nicht vor.«

Etwas, was vor fünfzig Jahren Entrüstung ausgelöst hätte und heute bei uns das Normalste auf der Welt ist.

FREUNDSCHAFT UND BEZIEHUNG

Freundschaften zwischen zwei Mädchen oder zwei Jungen sind in der Pubertät oft besonders eng, ohne dass man sie homosexuell nennen würde. Deshalb wird es für dich aufregend sein zu entdecken, wer einfach nur ein guter Kumpel ist und wer dir mehr bedeutet. Einigen deiner Freunde musst du vielleicht deutlich zeigen, dass du zwar schwul oder lesbisch, aber trotzdem nicht in sie verliebt bist.

Anderen wieder möchtest du vielleicht genauso deutlich zeigen, dass du sie auf Händen tragen würdest!

EIN FREUND, EIN GUTER FREUND …[2]

Ich denke schon, dass ich einen homosexuellen Freundeskreis habe, allein schon weil ich bei den JuLes[3] tätig bin. Aber ich habe auch außerhalb der JuLes homosexuelle Freunde, mit denen ich sehr viel Freizeit verbringe, zwar leider fast nur Lesben. Deshalb vergesse ich nicht meine »alten« Freunde, die ich zum Teil seit dem Kindergarten habe und die immer für mich da waren und es sind! Sie sind sehr verständnisvoll und haben mich mit meiner neuen »Neigung« nicht im Stich gelassen!

Katharina, 20

Mein Freundeskreis besteht hauptsächlich aus heterosexuellen Frauen, wenig Schwulen und ein paar Hetero-Männern. Nicht welche, mit denen man weggeht, sondern mit denen man sich mal auf einen Kaffee oder ein Bier trifft. Aber ich würde jetzt nicht mit denen in die Sze-

*ne gehen. Ich habe mehr Hetero-Freunde als homosexu-
elle. Das finde ich eigentlich normal.*

Olaf, 27

*Ich habe keinen rein homosexuellen, aber einen überwie-
gend homosexuellen Freundeskreis. Das heißt aber nicht,
dass ich seit meinem Coming-out nichts mehr mit Heterosexuellen zu tun haben möchte, sondern eher, dass sich
mein Freundeskreis um viele Lesben und Schwule »aufge-
stockt« hat – schlicht deswegen, weil ich durch Les-
BiSchwule Jugendgruppen, mein Engagement bei diversity München[4] und in der Szene viele kennengelernt habe.
Da ich vor meinem Coming-out in Schule und Freizeit eine
ziemliche Außenseiterin war, auch gemobbt wurde, hatte
ich vorher nur wenige (heterosexuelle) Freunde. Deswegen fällt die Verteilung jetzt vielleicht so ins Gewicht, auch
wenn ich mittlerweile durchs Studium die »Heten-Quote«
in meinem Freundeskreis erhöhen konnte.*

Cornelia, 24

Dein Coming-out hat sicher ans Tageslicht gebracht, wer
von deinen Freunden zu dir hält und wer nicht. Die Wahrscheinlichkeit, dass du deinen ganzen Freundeskreis verlierst, ist äußerst gering. Eher wird es wohl so sein, dass
du bei Einzelnen merkst, dass sie ein Problem mit dem
Thema Homosexualität haben. Das kann schmerzlich
sein, wenn du dir Verständnis erhofft hast und stattdessen Ablehnung erntest. Dabei hast du demjenigen gar
nichts getan. Du hast ihm nur dein Vertrauen geschenkt.
Wenn jemand damit nicht umgehen kann, dann ist es sicher besser, ihr geht – zumindest in der kommenden Zeit
– getrennte Wege.

Vielleicht lernt die- oder derjenige aber auch dazu

und braucht nur mal ein paar Monate Abstand, um sich an den Gedanken zu gewöhnen, dass du homosexuell bist. Dabei spielt eine große Rolle, wie sie/er erzogen worden ist – genau wie bei deinem eigenen »inneren Coming-out«. Und ob sie/er selbst auch manchmal homosexuelle Gefühle hat, die sie/er sich nicht eingestehen mag.

Unabhängig davon, warum jemand nicht mehr mit dir befreundet sein mag, weil du schwul oder lesbisch bist: Du musst jetzt auf dich schauen, darauf, dass du Leute um dich herum hast, die dir guttun. Und da gibt es sicher eine Menge, die zu dir halten und dich genau so mögen, wie du bist.

Manche Schwulen und Lesben bauen sich einen Freundeskreis auf, der ausschließlich schwul oder lesbisch ist. Dort fühlen sie sich am meisten verstanden und aufgehoben. Andere wollen davon nichts wissen. Sie hätten in der homosexuellen Szene das Gefühl, im eigenen Saft zu schmoren, und suchen sich heterosexuelle Freunde in Schule, Studium, Hobby. Es ist sicher bereichernd, sowohl schwule und lesbische als auch heterosexuelle Freunde zu haben. Mit der Zeit wirst du selbst herausfinden, was du brauchst, um dich wohlzufühlen.

VERKNALLT, WAS NUN?

Mit etwa 13 Jahren war ich ein paar Monate mit einem Jungen zusammen. Aber da lief überhaupt nichts. Ich habe mich dann in ein Mädchen verliebt, das damals heterosexuell war, aber heute lesbisch lebt, wie ich weiß.

Sylvie, 17

Dich hat es also voll erwischt! Du hast Herzklopfen, wenn du ihm oder ihr begegnest. Du denkst abends beim Einschlafen an ihn oder sie und morgens beim Aufwachen immer noch. Eigentlich ein schönes Gefühl, aber auch quälend, sehnsuchtsvoll, weil derjenige ja nichts weiß von deiner Liebe.

Auch heterosexuelle Jugendliche sind nicht davor gefeit, dass der oder die Angebetete nichts für sie übrighat. Wenn ein Junge ein Mädchen toll findet, kann er auf sie zugehen und sie ansprechen. Er riskiert, dass sie ihn abweist. Gut, daran muss er ein bisschen knabbern. Aber es gibt noch tausend andere. Er kann es wieder versuchen, bis er schließlich Erfolg hat. Das erfordert Mut und Selbstbewusstsein, aber es ist letztlich so, wie es alle machen. Als Mädchen ist es schon ein bisschen schwieriger, einen Jungen anzusprechen, weil manche meinen, das macht man nicht. Dann muss man eher unterschwellig zeigen, dass man jemanden mag, durch Blicke, Lächeln oder Ähnliches. Auch das kann schiefgehen. Aber irgendwann klappt es.

Für homosexuelle Teenager ist das komplizierter. Du bist ein Junge und hast dich in einen Jungen verliebt. Oder du bist ein Mädchen, das ein Mädchen unwiderstehlich findet. In der Pause hingehen und sagen: Du, gehen wir mal zusammen ins Kino? Oder dich in der Disco an denjenigen herantanzen, bis ihr euch fast berührt?

Solange keiner um dich herum weiß, dass du schwul oder lesbisch bist, fürchtest du vielleicht, es könnte dich Kopf und Kragen kosten, wenn du zugibst, dass du dich verliebt hast. Nicht nur derjenige kann dich zurückweisen, sondern die ganze Schule, die Clique, die ganze Stadt weiß es auf einmal. Dein Liebesbekenntnis ist gleichzeitig ein großes Coming-out.

Die meisten Homosexuellen zeigen ihre erste Liebe deshalb lange nicht so offen wie die gleichaltrigen Heteros. Wie soll man auch wissen, ob irgendjemand um einen herum auch aufs gleiche Geschlecht steht? Wenn du dir unsicher über die Neigung deiner Angebeteten bist, versuche sie unverfänglich näher kennenzulernen. Vielleicht kannst du sie irgendwann in ein Gespräch verwickeln, in dem sie Farbe bekennen muss. Oder du gestehst ihr geradeheraus deine Gefühle, wenn sie eine gute Freundin von dir geworden ist. Wenn sie dich wirklich mag, wird sie, selbst wenn sie hetero ist, gut reagieren und dich weder auslachen noch herumtratschen. Und du weißt wenigstens, woran du bist.

Vor lauter Liebeskummer mit Heteros darfst du aber nicht übersehen, dass es wirklich viele Homosexuelle gibt, und zwar auch in deinem Alter. Vielleicht nicht in deiner Klasse, sicher aber in deiner Stadt und der Umgebung.

AB IN DIE SZENE!

Meine letzten beiden Freunde habe ich in der Disco kennengelernt. Aber das ist eher Zufall, glaube ich. Ich hätte sie auch auf Partys oder in irgendwelchen Lokalen in der Szene kennenlernen können. Es ist einfacher. Man flirtet offensichtlich und man kommt schneller in Kontakt, ist mein Eindruck.

Matthias, 26

Die anderen haben es gut. Heteros gibt es überall. Man trifft sie beim Bäcker oder in der Straßenbahn. Man tanzt mit ihnen in der Disco oder man sitzt im Café am Nachbartisch. Wenn man mutig ist, muss man nur auf sie zugehen und sie in ein Gespräch verwickeln.

Aber wie hoch ist die Wahrscheinlichkeit, dass das Mädchen, das immer am gleichen Bahnsteig auf den Zug wartet, auch eine Lesbe ist? Oder dass der Neue beim Basketballspiel auf Jungs stehen könnte?

Du kannst es dir einfacher machen und deinen Traummann oder deine Traumfrau dort suchen, wo du nicht erst Detektiv spielen musst: in der sogenannten »Szene«. Homosexuelle haben vor allem in großen Städten ihre eigenen Cafés, Discotheken, Sportgruppen, Chöre und andere Einrichtungen. Dort weißt du zumindest, dass der oder die andere auch homosexuell ist.

Schwule oder lesbische Jugendgruppen bieten eine sehr entspannte Art, jemanden erst mal kennenzulernen, ohne dass es gleich um Liebe, Sex oder Beziehung geht. Ihr trefft euch zum Quatschen, ihr treibt Sport zusammen oder ihr engagiert euch politisch. Und ganz nebenbei merkt ihr, dass ihr euch wahnsinnig sympathisch findet.

So lernen sich übrigens auch die meisten Heteros nicht auf der Straße kennen, sondern in der Schule, durch ein gemeinsames Hobby, auf Partys oder über Freunde.

Also: Bevor du versauerst – ab in die Szene (mehr dazu im Kapitel »Die Szene« ab S. 60)!

KNUTSCHEN VERBOTEN?

Da ist sie also, deine erste Liebe. Und du bist überglücklich. Ihr seht euch so oft wie möglich. Unternehmt etwas zusammen. Zeigt euch sogar schon im Freundeskreis als Paar. Und auch deine Eltern wissen schon, dass es da »diesen Jungen« oder »dieses Mädchen« gibt. Nur kennen tun sie ihn oder sie noch immer nicht.

Je nachdem, wie deine Eltern mit deiner Homosexualität umgehen, kann auch der erste Kontakt zu deinem Freund oder deiner Freundin kompliziert oder einfach sein. Vielleicht fantasieren sich deine Eltern irgendwas zusammen, das ihrem Bild vom typischen Schwulen oder der typischen Lesbe entspricht. Und sind dann positiv überrascht, wie nett deine erste große Liebe ist.

Oder dein Freund oder deine Freundin entspricht wirklich nicht dem Ideal deiner Eltern vom »perfekten Schwiegersohn« oder der »lieben kleinen Freundin«. Vielleicht ist er oder sie ein bisschen ausgeflippt. Oder nicht die Höflichkeit in Person. Zu schüchtern. Oder zu alt. Oder einfach nicht der oder die »Richtige« für »unseren Sohn« beziehungsweise »unsere Tochter«. Dann liegt das aber nicht daran, dass du eine lesbische oder schwule Beziehung hast, denn auch Tausende von heterosexuellen Teenagern bringen nicht den Traum ihrer Eltern mit nach Hause (und das ist gut so, schließlich geht es hier um deine Gefühle und deinen Geschmack und nicht den deiner Eltern).

Wenn deine Eltern positiv auf dein Coming-out reagiert haben oder zumindest nach einiger Zeit gut damit umgehen konnten, steht sicher nichts zu befürchten, wenn du deine Freundin oder deinen Freund mitbringst. Vielleicht wird das erste gemeinsame Abendessen ein bisschen verkrampft. Aber mit der Zeit, wenn sich alle besser kennen, wird der Kontakt nicht viel anders sein, als wenn du einen andersgeschlechtlichen Partner mitbringen würdest. Du solltest, falls du dir unsicher bist, deine Eltern dann nur fragen, ob es ihnen was ausmacht, wenn ihr ganz offen zeigt, dass ihr euch liebt, zum Beispiel euch vor ihnen umarmt oder küsst.

Wenn deine Eltern mit deiner sexuellen Orientierung

nach wie vor nicht umgehen können, solltest du dir gut überlegen, ob du deinen Freund oder deine Freundin mitbringst. Vielleicht brauchen deine Eltern noch ein bisschen Zeit, bis du sie mit den »Tatsachen« konfrontieren kannst.

Es kann aber auch sein, dass sie deshalb Schwierigkeiten mit deiner Homosexualität haben, weil sie sich ein unrealistisches Bild davon machen. Dann tut es eurem Kontakt vielleicht gut, wenn sie sehen, dass die Wirklichkeit ganz anders und ganz angenehm ist.

Auf jeden Fall brauchen dein Freund oder deine Freundin und du einen Ort, wo ihr mal für euch sein könnt. Wenn ihr noch beide zu Hause wohnt und eure Eltern ein Problem mit eurer Beziehung haben, habt ihr diesen Ort vielleicht nicht. Dann ist es wichtig, dass zumindest einer von euch erreicht, dass die Eltern eure Liebe akzeptieren und ihr die Zimmertür hinter euch schließen dürft. Sonst bleibt ja nur die Heimlichtuerei, wenn die Eltern mal zusammen ins Kino gehen, du hoch und heilig schwörst, keinen Besuch zu bekommen, und diesen Schwur fünf Minuten später vernünftigerweise wieder vergisst. Das macht auf die Dauer keinen Spaß.

Wenn deine Eltern dir ernsthaft Probleme machen, also versuchen deine Beziehung zu verhindern, ohne dass es dafür gute Gründe gibt (die wären zum Beispiel wenn dein Partner dir Drogen verkauft oder du erst 14 bist und er 30 Jahre alt), dann kannst du dir beim Jugendamt Hilfe holen. Dass ihr lesbisch oder schwul seid, ist kein Grund, dir den Kontakt zu deinem Freund oder deiner Freundin zu verbieten! (S. auch Kapitel »In unserer Familie gibt es sowas nicht« ab S. 102.)

MANNOMANN UND FRAUOFRAU

Jede Beziehung ist anders, klar. Es treffen jedes Mal zwei ganz unterschiedliche Menschen aufeinander. Und was aus ihrem Kontakt entsteht, ist etwas Neues. Eine Beziehung ist fast so etwas wie ein Lebewesen. Sie entfaltet ihre eigenen Kräfte und manchmal staunt man, was nach ein paar Monaten oder Jahren daraus gewachsen ist. Deshalb kann man natürlich nur falschliegen, wenn man von der »typischen« schwulen oder lesbischen Beziehung spricht. Deine Beziehungen werden ganz anders sein. Aber trotzdem gibt es bestimmte Dinge, die die homosexuelle Beziehung von der heterosexuellen unterscheiden.

Wenn ein Junge und ein Mädchen zusammen sind, erhoffen sie sich natürlich Verständnis füreinander. Aber jeder Junge weiß, dass Mädchen anders sind. Und jedem Mädchen ist klar, dass Jungen Mädchen sowieso nie verstehen werden. Trotzdem verlieben sie sich ineinander und kommen mit diesem Wesen vom anderen Stern irgendwie klar.

Für dich als Schwulen oder Lesbe sieht die Sache anders aus. Ihr kommt vom selben Stern. Ihr wisst, wie es in einer Jungen- beziehungsweise Mädchenseele aussieht. Und ihr erhofft euch deshalb noch ein viel tieferes Verständnis füreinander als verschiedengeschlechtliche Paare. Das Verständnis für einen anderen Menschen hängt aber nicht nur vom Geschlecht ab. Deshalb kann es herbe Enttäuschungen geben, wenn deine Freundin nicht schon intuitiv weiß, was du willst, was dich stört, was in dir vorgeht. Aber woher soll sie es wissen? Sie ist schließlich keine Hellseherin. Wenn du etwas von ihr möchtest, dann musst du es ihr wohl oder übel mitteilen.

Schwule stellen dagegen häufig das Aussehen ihres

Partners in den Vordergrund. Auch heterosexuellen Jungs ist ja meistens das Aussehen ihrer Freundin wichtig. Wenn man schwul ist, kommt dieses Problem also doppelt vor: Man erhofft sich einen attraktiven Freund. Und man muss selber sehr auf sein Aussehen achten, weil der schwule Partner darauf viel mehr Wert legt, als es ein Mädchen tun würde. Viele Schwule haben deshalb Angst vor dem Älterwerden mit grauen oder weniger Haaren und vielleicht einem Bauch, halten sich daher fit und wünschen sich einen jungen, attraktiven Freund.

Ein weiterer Punkt, der homosexuelle Beziehungen von heterosexuellen unterscheidet, ist, dass ihr keine unterschiedlichen Rollen von der Gesellschaft zugeteilt bekommen habt. Auch Mann-Frau-Beziehungen sind da lange nicht mehr so starr wie früher. Aber es ist doch noch immer die Tendenz da, dass die Frau eher putzt, wäscht und kocht, während der Mann repariert, schwere Sachen schleppt und das Auto pflegt.

Wenn zwei Männer oder zwei Frauen zusammenleben, gibt es für sie nicht diese vorgegebenen Rollen. Sie sind viel freier und können einfach nach Begabung oder Lust ausmachen, wer sich um was kümmert. Und ob man sich auch mal über diese Aufteilung lustig macht und seinem Freund in die Jacke hilft oder seiner Freundin die schweren Getränkekisten aus der Hand reißt!

Viele glauben, dass es in jeder homosexuellen Beziehung immer einen männlicheren und einen weiblicheren Partner geben muss. Besonders heterosexuelle Menschen haben oft nicht genug Fantasie, um sich eine andere Möglichkeit vorzustellen. Natürlich kommt es vor, dass sich ein sehr sensibler Junge von einem sehr starken angezogen fühlt oder ein burschikoses Mädchen eine eher zarte Freundin hat. Das ist aber keinesfalls notwendig.

Andererseits: Ob es sich um zwei Jungen handelt, zwei Mädchen oder einen Jungen und ein Mädchen – Liebesbeziehungen sind immer kompliziert und immer wunderschön. Man liebt sich, man ist zärtlich zueinander. Man streitet und versöhnt sich. Man missversteht sich, ist verletzt, entschuldigt sich und verzeiht. Man lacht zusammen und man weint miteinander. Man geht spazieren, guckt sich Filme an, redet ohne Punkt und Komma oder betrachtet den Mond und schweigt.

DIE SCHÖNSTE NEBENSACHE DER WELT

Über Sexualität zwischen Mädchen und Jungen wird viel geredet und geschrieben. Wie man als Schwuler oder Lesbe seine Liebe körperlich auslebt, darüber spricht außerhalb der Szene kaum einer. Und die halben Wahrheiten, die allgemein kursieren, helfen dir sicher nicht weiter. Deshalb erfährst du in diesem Kapitel auch ein paar Fakten über schwulen und lesbischen Sex.

Letztlich ist Sexualität immer etwas Spontanes, das man nicht wie ein Kuchenrezept anwenden kann, um am Schluss eine Schoko-Sahne-Torte zu haben. Die richtige Mischung findest du mit deinem Partner oder deiner Partnerin jedes Mal wieder selbst heraus.

ONE-NIGHT-STAND ODER EWIGE TREUE?

Wenn man in einer festen Partnerschaft ist, ist sexuelle Treue auf jeden Fall wichtig, und wenn die Frau Single ist, sollte sie das machen, was ihr gefällt, finde ich. Klar sollte der Schutz vor Krankheiten nicht vergessen werden. Es ist wichtig, sich auszuleben und es zu genießen und auch mal allein zu sein.

Katharina, 20

Ich bin solo. Ich war mal verliebt in jemanden, aber der hatte einen Freund. Ich würde das eher Affäre nennen. Bis ich ihm meine Liebe gestanden hatte, dauerte es ein Jahr. Er hat gesagt, er steht zu seinem Freund, was für mich ein Schlag ins Gesicht war und woran ich ziemlich lange geknabbert habe. Es zog sich drei Jahre hin, bis ich das verarbeitet und kapiert habe.

Olaf, 27

Ich hatte eine feste Beziehung, vier Jahre lang, das hat sich jetzt auseinandergelebt. Ich habe aber inzwischen wieder jemanden kennengelernt. Eine Beziehung zwischen zwei Männern ist meiner Meinung nach eine ganz andere Sache. Zum Beispiel hat Treue eine andere Definition. Treue bedeutet nicht, dass man mit niemand anderem Sex haben darf, sondern es ist eher eine emotionale Treue. Das ist aber natürlich auch unterschiedlich und es handhabt jeder unterschiedlich. Ich kenne nur wenige monogame[5] schwule Beziehungen; in meinem Freundeskreis geht keiner davon aus, dass man nur monogam ist.

Matthias, 26

Ich bin in einer festen Beziehung schon treu. Ich lebe mit einer Frau seit einem Jahr in einem funktionierenden Verhältnis, in dem wir uns zu keiner Treue verpflichtet haben. Zur Ehrlichkeit aber schon.

Sylvie, 17

Es gibt ein weitverbreitetes Vorurteil gegen Schwule: Sie seien angeblich unfähig, lange Beziehungen miteinander einzugehen. Der Grund: Es ginge ihnen nur um Sex, nicht um Liebe. Das ist natürlich Blödsinn. Es gibt Schwule, die leben seit Jahrzehnten zusammen. Im Übrigen gibt es viele Heterosexuelle, die ständig ihre Partner wechseln.

Abgesehen davon ist eine Beziehung noch nicht deshalb wertvoll, weil sie lange dauert. Es gibt sicher viele Paare, die goldene Hochzeit miteinander feiern und sich mittlerweile weder etwas zu sagen haben noch zärtlich zueinander sind.

Und ein Kontakt ist auch nicht deshalb wertlos, weil er nur eine Nacht dauert. Vielleicht ist es eine wunderschöne Nacht, prickelnd, aufregend, unvergesslich. Was soll daran so schlecht sein?

> **One-Night-Stand** *(englisch »einmaliges Gastspiel«):*
> *ein sexueller Kontakt, der nur eine Nacht oder kürzer dauert, ohne die Absicht einer längeren Liebesbeziehung*

Wenn du also noch gar keine Lust hast, dich auf jemanden festzulegen, wenn dir das zu ernsthaft oder langweilig ist, dann spricht nichts dagegen, dass du erst einmal ausprobierst. Und von verschiedenen Partnern lernst, wie unterschiedlich man Sex miteinander haben kann. Wichtig dabei ist nur, dass du auf dich aufpasst, denn kein One-Night-Stand (und auch keine längere Beziehung) ist es wert, dass du dafür deine Gesundheit riskierst.

Du solltest also vor allem aufpassen, mit wem und wo du zu tun hast. Ist derjenige schon erwachsen, dann sei vorsichtig. Es gibt Erwachsene (egal ob hetero- oder homosexuell), die auf Jugendliche stehen und deren Unerfahrenheit ausnutzen. Niemand darf deine Grenzen überschreiten, also mehr von dir verlangen als das, worauf du selbst Lust hast (s. auch Kapitel »Anfassen verboten« ab Seite 89).

Außerdem musst du dich bei jedem sexuellen Kontakt vor Aids und anderen sexuell übertragbaren Krankheiten schützen. Weitere Informationen dazu und Grundregeln zum Schutz gegen HIV und andere sexuell übertragbare Krankheiten findest du im Kasten ab S. 55.

Auch gegenüber Lesben gibt es so ein Vorurteil: Sie

wollen immer und nur eine feste Beziehung; einfach nur auszuprobieren und die sexuelle Lust auszuleben ist ihnen zu oberflächlich. Das ist genauso falsch. Auch viele Lesben haben keine Lust auf was Festes, sondern finden es aufregend, mit verschiedenen Mädchen sexuelle Erfahrungen zu machen.

Manchmal hat man eine Phase, in der man sich nicht binden will. Vielleicht bist du einfach neugierig. Oder du hast gerade eine Beziehung hinter dir, die nicht so gelaufen ist, wie du dir das gewünscht hast. Und denkst dir: Jetzt erst einmal nichts so Enges mehr, ein bisschen Spaß miteinander, aber keine Komplikationen. Und dann wieder kannst du dir nichts Schöneres vorstellen, als mit derjenigen, die du gefunden hast, Tag und Nacht zusammen zu sein. Weil du so verliebt bist. Weil ihr euch so gut versteht.

Egal also, ob du ein Junge oder ein Mädchen bist: Du darfst ein treuer Schwuler oder eine neugierige Lesbe sein. Und du darfst auch mal so und mal anders sein. Solange es dir gut damit geht.

SO MACHT ER'S!

Bis ich meine Homosexualität mit 21 Jahren ausgelebt habe, hat mir was gefehlt. Es war mir irgendwie klar: Jetzt wird es mal Zeit. Das erste Mal schwuler Sex war eine tolle und befreiende Erfahrung.

Matthias, 26

Die meisten Jungen fangen spätestens in der Pubertät an zu onanieren. Zeigen muss ihnen normalerweise keiner, wie das geht. Es ist angenehm, mit seinem Penis zu spielen. Ihn an irgendwas zu reiben. Oder ihn mit der Hand so lange zu erregen, bis man abspritzt. Du kannst das unter der Dusche tun oder in deinem Zimmer. Und du kannst es alleine tun oder mit jemandem zusammen.

Schwuler Sex fängt da an, wo du mit einem anderen Jungen zusammen Lust erlebst, und das kann schon beim Zuschauen oder Gleichzeitig-Onanieren passieren.

Noch schöner ist es, wenn ihr euch gegenseitig berührt. Und damit ist natürlich nicht nur der Penis gemeint. Küssen, am ganzen Körper streicheln, die Haare zerzausen – wer mag, kann den Körper seines Partners ganz langsam erforschen und dabei rausfinden, dass es jede Menge Stellen gibt, die auf Berührung lustvoll reagieren: zum Beispiel die Brustwarzen, der Po oder die Ohren. Jeder Mensch ist in der Hinsicht anders, und wenn du einen Partner hast, mit dem du länger zusammen bist, kannst du ziemlich viel über ihn erfahren und er über dich.

Das gegenseitige Onanieren kann gleichzeitig stattfinden oder ihr konzentriert euch zunächst auf den einen und beim nächsten Mal kommt der andere dran. Gleichzeitig aktiv sein und genießen ist nicht jedermanns Sache.

Onanieren (Masturbieren, Wichsen): Selbstbefriedigung mit der Hand oder einem Gegenstand.

Oralverkehr (Fellatio, Blasen): Erregen vom Penis des Partners mit dem Mund. Achtung: Der Ausdruck »einen blasen« darf auf keinen Fall wörtlich genommen werden!

Analverkehr (lateinisch Anus = After): sexueller Kontakt, bei dem der Penis des einen Mannes in den After des anderen eingeführt wird

Wenn du das erste Mal einen Penis in den Mund nimmst, ist das vielleicht ungewohnt für dich. Du musst aufpassen, dass du ihn nicht zu weit hineinnimmst, damit kein Würgereflex ausgelöst wird. Und du musst natürlich mit den Zähnen vorsichtig sein.

Die meisten empfinden das »Blasen« als noch intensiver als die Berührung mit der Hand. Da es auch beim »Blasen« häufig zum Abspritzen kommt, ist es übrigens auch hier wichtig, ein Kondom zu benutzen (s. auch S. 54 »Die Kehrseite der Lust«).

Dann gibt es den sogenannten Analverkehr, den die meisten Leute als typisch schwul empfinden, der aber auch zwischen Heterosexuellen praktiziert wird. Und es gibt auch Schwule, die auf Analverkehr überhaupt nicht stehen. Viele Menschen empfinden den Gedanken als unangenehm, gerade den Ausgang ihres Darms mit so etwas wie sexueller Lust in Verbindung zu bringen. In diesem Bereich befindet sich aber ein dichtes Netz an Nervenenden, wodurch er auf Berührung besonders sensibel reagiert.

Wenn du noch nie Analverkehr gehabt hast, solltest du erst einmal vorsichtig vorgehen, um den Schließmuskel, der ja die Funktion hat, den Stuhl im Inneren des Darmes zu halten, sanft zu dehnen und dich an das Gefühl zu gewöhnen, in diesem Bereich deines Körpers berührt zu werden. Am besten fangt ihr also erst einmal nur mit dem Finger an und benutzt viel Gleitmittel. Wenn ihr richtigen Analverkehr betreibt, also der Penis des einen in den Enddarm des anderen eindringt, dann müsst ihr ein Kondom benutzen. Beim Analverkehr ist die Gefahr einer Ansteckung mit HIV besonders groß!

Manche sind beim Sex gerne aktiv, manche lieber passiv, viele wechseln gerne zwischen beidem ab. Mit der

Zeit wirst du herausfinden, was dir am meisten Spaß macht. Du solltest dann aber auch darauf achten, dass das mit den Wünschen deines Partners zusammenpasst. Wenn ihr beide nur passiv sein wollt, habt ihr ein Problem – dann passiert gar nichts.

Wenn du das Gefühl hast, dass ihr nicht beide nach dem Sex zufrieden und entspannt seid, solltet ihr über eure Wünsche reden. Über Sex zu sprechen kann auch sehr, sehr spannend sein!

UND SO MACHT'S SIE!

Ich hab mich erst daran gewöhnen müssen, dass ich morgens aufwache und neben mir liegt eine Frau. Und am Anfang fand ich auch den Sex enttäuschend. Sie wollte mich wohl langsam heranführen. Das, was man eigentlich als Lesbe beim Sex macht, lecken und so, haben wir erst nach ein paar Malen gemacht. Dann wurde es richtig toll. Sex zwischen Frauen ist viel gefühlsintensiver. Außerdem weiß eine Frau, was sich wie anfühlt. Männer brauchen ein bisschen, bis sie das, na ja, lernen.

Katharina, 20

Zum ersten Mal Sex hatte ich mit dem bisexuellen Mädchen, mit dem ich gemailt hatte. Ich habe sie für eine Woche besucht. Da wir ja nicht viel Zeit hatten, ging es ziemlich schnell zur Sache. Im Nachhinein war dieser Sex nicht so toll, aber für mich war es damals schon das Höchste. Und es stand sofort fest, dass ich lesbisch bin und dass ich das unbedingt wieder möchte.

Cornelia, 24

Du solltest dich nicht davon beeindrucken lassen, wenn manche Schlaumeier glauben, Lesben hätten gar keinen »richtigen« Sex. Das sind sicher nicht die Leute, die es schon mal ausprobiert haben. Es gibt viele Arten, zum Orgasmus zu kommen. Die Berührung der Vagina mit einem Penis ist nur eine davon.

Orgasmus:
Höhepunkt beim Sex, bei dem sich die sexuelle Spannung entlädt
Vulva:
das äußerlich sichtbare Geschlechtsorgan der Frau (Venushügel und Schamlippen)
Vagina:
Scheide, inneres Geschlechtsorgan der Frau, Verbindung zwischen Schamlippen und Muttermund
Klitoris:
Kitzler, kleines Organ am vorderen Ende der Schamlippen, das sehr empfindlich auf Berührung reagiert
Oralverkehr (Cunnilingus, Lecken)**:**
Erregung der Geschlechtsorgane der Partnerin mit dem Mund

Mädchen masturbieren – rein statistisch gesehen – seltener als Jungen, aber sicher hast du auch schon deine Brustwarzen oder deine Scheide mit der Hand berührt und das angenehme Gefühl genossen. Gerade wenn du noch keinen Sex mit anderen Mädchen gehabt hast, hilft dir das Masturbieren, dich selbst besser kennenzulernen und zu merken, was du für Vorlieben hast. Und außerdem macht Masturbieren Spaß und entspannt.

Wenn du das erste Mal mit einem Mädchen Sex hast, habt ihr gegenüber Heterosexuellen den Vorteil, dass ihr beide wisst, wie empfindsam die Brustwarzen eines Mädchens auf Berührung sein können und dass schon ein zartes Streicheln der Klitoris einem die Härchen aufstellen kann. Ihr könnt einander dabei zusehen, wie ihr euch selbst befriedigt. Oder euch am ganzen Körper streicheln und abknutschen. Und dabei herausfinden, wo die andere das besonders gerne mag und was dir selber am meisten gefällt. Das kann auch mit verschiedenen Mädchen immer ein bisschen anders sein, je nach Temperament und Fantasie.

Die Brustwarzen und die Vulva lassen sich aber nicht nur mit der Hand erregen, sondern auch besonders gut mit dem Mund. Je nach Empfindsamkeit kann das Knabbern und Lutschen an der Brust manche Mädchen schon fast zum Orgasmus bringen. Auch die Klitoris lässt sich beim Lecken wunderbar mit den Lippen und der Zunge stimulieren. Wenn ihr dann mutiger geworden seid, könnt ihr euch auch weiter vorwagen und mit den Fingern oder mit Gegenständen in die Scheide der anderen vordringen. Dabei solltet ihr natürlich auf die richtige Auswahl der Gegenstände achten, eine geschälte Gurke eignet sich besser als ein Kaktus ...

Ob du es lieber zart oder hart magst, findest du sicher bald heraus. Manchmal traut man sich nicht, ganz aus sich rauszugehen, weil man glaubt, die andere mag das vielleicht nicht. Aber wenn ihr beide sehr erregt seid, solltet ihr das auch zeigen dürfen.

Wenn du dir nicht ganz klar darüber bist, ob deine Partnerin dasselbe mag wie du, dann frag sie einfach. Vielleicht ist sie ja experimentierfreudiger, als du denkst!

DIE KEHRSEITE DER LUST

Durch das, was so im Netz abläuft, habe ich mitgekriegt, dass es noch viele gibt, die ohne Kondom Sex haben. Durch meine Arbeit bedingt kenne ich die Auswirkungen von HIV. Ich kenne das Krankheitsbild aus der Ausbildung und weiß, was passiert. Aber es kann nur jeder auf sich selber schauen.

Olaf, 27

Ich arbeite in der Infektiologie. HIV ist unser Schwerpunkt. Da gibt es viele schwule Patienten und eben auch viele schwule Pfleger. Es gibt schlimme Schicksale und auch junge Leute, die ein hartes Los gezogen haben. Das Bittere ist einfach für uns, für Angehörige und für den Patienten hinzunehmen, dass es irgendwann keine Möglichkeit mehr gibt zu helfen.

Matthias, 26

Diese Krankheiten sollten niemals vergessen werden. Der Schutz und die Aufklärung auf diesem Gebiet sind enorm wichtig. Dennoch ist die Gefahr, sich als Lesbe anzustecken, im Verhältnis zu anderen »Konstellationen« am geringsten.

Ich als Anfängerin und, na ja, Neuling auf diesem Gebiet muss gestehen, dass ich am Anfang zu meiner Frauenärztin, zu der ich ein sehr gutes Verhältnis habe, gegangen bin und sie gefragt habe. Das hat mir persönlich wahnsinnig geholfen, auch wenn ich viele Lesben kenne, denen es im Traum nicht einfallen würde, zum Frauenarzt zu gehen, was ich sehr leichtsinnig finde.

Katharina, 20

Wenn du verliebt bist oder jemanden gefunden hast, den du attraktiv findest, willst du beim Sex nicht als Erstes daran denken, dass du dir eine Krankheit holen könntest. So nahe wie beim Sex kommt man einem anderen Menschen aber eben nie, und wenn der andere erkältet ist, würdest du dich ja auch nicht wundern, wenn du am nächsten Morgen mit Schnupfen aufwachst. Da es aber viele Krankheiten gibt, die nicht so harmlos sind, solltest du ein paar Grundregeln einhalten, damit du nicht im Nachhinein bereust, zu leichtsinnig gewesen zu sein.

Grundregeln zum Schutz gegen HIV und andere sexuell übertragbare Krankheiten:

Man sieht jemandem nicht an, ob er einen Krankheitserreger in sich trägt. Er oder sie kann jung, gesund und attraktiv sein, total süß und deine Liebe auf den ersten Blick – trotzdem kann er oder sie zum Beispiel HIV-positiv sein. **Mach keine Ausnahmen beim Schutz vor HIV!**

Jeder kann sich beim Sex anstecken, egal ob hetero- oder homosexuell. Die Zahl der HIV-positiven Schwulen ist aber deshalb im Vergleich höher, weil die Ansteckungsgefahr beim ungeschützten Analverkehr größer ist als bei allen anderen Arten von Sex. Die Schleimhaut des Darms ist besonders durchlässig für den HI-Virus. **Schütze dich bei jedem Analverkehr durch ein Kondom!**

Eine Übertragung von HIV von Mädchen zu Mädchen ist selten. Aber auch Lesben können HIV-positiv sein, besonders wenn sie schon einmal heterosexuellen Verkehr hatten, mit bisexuellen Frauen geschlafen oder sich Drogen gespritzt haben. Eine Übertragung ist über die

Scheidenflüssigkeit oder Menstruationsblut möglich.
Auch als Lesbe musst du dich schützen!

*Den besten Schutz vor HIV bieten **Kondome** und **Leck-tücher (Dental Dams)**. Kondome bekommst du im Drogeriemarkt oder der Apotheke. Dental Dams gibt es ebenfalls in der Apotheke, du kannst aber stattdessen auch ein Kondom der Länge nach aufschneiden und über die Vulva legen. Vermeide auf jeden Fall den Kontakt zu fremden Körperflüssigkeiten, insbesondere zu Sperma, Scheidenflüssigkeit und Blut.*

Wenn ihr Gleitmittel benutzt, muss dieses auf jeden Fall ölfrei sein, denn Fette greifen das Latex des Kondoms an!

Es gibt eine ganze Reihe von Krankheiten, die beim Sex übertragen werden können. Vor den meisten kannst du dich schützen, indem du ein Kondom beziehungsweise Dental Dam benutzt. Wenn du mit jemandem nicht schon sehr lange zusammen bist oder sexuelle Treue für euch nicht so wichtig ist, solltest du grundsätzlich darauf bestehen, dass ihr euch schützt.

Pilze, Milben, Viren ...

Krankheit:	Ansteckung:	Auswirkung:	Behandlung:
Hefepilzer- krankungen (Candida):	über die Schleim- häute im Mund, an den Ge- schlechtsorganen oder am After	Rötung/Jucken an den Geschlechts- organen, weiße Beläge auf der Mundschleimhaut	mit Salben
Chlamydien (Bakterien):	durch Vaginal- oder Analverkehr.	Harnwegsinfek- tion, Ausfluss	mit Antibiotika

Krankheit:	Ansteckung:	Auswirkung:	Behandlung:
Feigwarzen:	durch Vaginal- oder Analverkehr	knötchenförmige Wucherungen, die platzen können und dann die Krankheit weiter übertragen	Warzenmittel oder chirurgische Entfernung
Herpes:	durch Körperkontakt und Tröpfcheninfektion	Bläschen an Lippen, Geschlechtsorganen oder Po	mit Salben; Herpes kommt aber immer wieder, wenn man ihn mal hatte
Krätze:	durch engen Körperkontakt, auch Übertragung von Hund zu Mensch möglich	Milbengänge an Händen, Hautfalten und Geschlechtsorganen, Rötung, Juckreiz	insektentötende Lösung zum Einreiben, schnelle Behandlung nötig, da sehr ansteckend
Filzläuse:	durch engen Körperkontakt, Kleidung, Matratzen usw.	schwarze Punkte an behaarten Stellen	mit Läusemitteln
Syphilis (Lues):	Vaginal-, Oral- und Analverkehr oder Kontakt zu Syphilis-Geschwür	nach 2–3 Wochen ovaler rötlicher Fleck, der sich zu Geschwür verhärtet; nach 3–5 Jahren Schädigung innerer Organe und des Gehirns	so früh wie möglich mit Antibiotika behandeln!
Tripper (Gonorrhö):	durch Vaginal-, Anal- oder Oralverkehr	Schmerzen beim Wasserlassen oder Stuhlgang mit Eiter in Urin/ Stuhl. Bei Tripper im Mund Entzündung des Rachens	mit Antibiotika

Krankheit:	Ansteckung:	Auswirkung:	Behandlung:
Hepatitis A, B und C (Leberentzündung):	A: durch verunreinigtes Wasser und Kontakt zu Kot B: beim Sex und durch Kontakt zu Blut C: durch Kontakt zu Blut, seltener beim Sex	A: grippeähnliche Beschwerden über 4 Wochen B: erst nach mehreren Wochen grippeähnliche Symptome; selten chronisch C: häufig chronischer Verlauf mit schweren Leberschäden.	A: Schutzimpfung möglich B: Schutzimpfung möglich C: medikamentöse Behandlung; keine Schutzimpfung möglich
HIV (Virus; die daraus entstehende Krankheit heißt Aids):	durch Anal- und Genitalsex, durch Samenflüssigkeit und Blut	möglicherweise anfangs Grippesymptome; dann erst nach Jahren schwerer Verlauf mit Gewichtsverlust oder Fieber Schwächung des Immunsystems führt zu Zweiterkrankungen (z. B. Lungenentzündung, Krebs etc.)	Heilung ist nach wie vor nicht möglich; lebenslange Therapie mit Medikamenten mit starken Nebenwirkungen

Tipps zum Thema HIV-Test:

Hundertprozentige Sicherheit bietet der HIV-Test erst drei Monate nach der möglichen Ansteckung! Wenn dir also jemand sagt, dass er gerade beim HIV-Test war, heißt das nicht, dass alles in Ordnung ist.

Einen HIV-Test kannst du bei jedem Hausarzt machen lassen. Beim Gesundheitsamt wird er in der Regel kostenlos und anonym angeboten!

Wenn du jemanden kennenlernst, mit dem du fest zusammen bist und ihr einander sexuell treu sein wollt, verzichtet die ersten drei Monate trotzdem nicht auf ein Kondom beziehungsweise Dental Dam und geht dann beide zum HIV-Test.

Wenn du dir nicht sicher bist, ob du dich mit einer dieser Krankheiten angesteckt hast, dann geh unbedingt zum Arzt und lass dich untersuchen. Der Arzt hat Schweigepflicht, auch deinen Eltern gegenüber. Je früher du dich behandeln lässt, desto besser!

DIE SZENE

Es war mit 21 Jahren komisch, das erste Mal in der Szene wegzugehen und gleich ein paar Telefonnummern zu bekommen oder einen jungen Mann zu hören, der sagt: »Oh, siehst du aber gut aus!« Das kannte ich vorher natürlich nicht. Das war super, aber irgendwie auch ungewohnt.

Matthias, 26

Wo sind denn all die anderen? Wo kannst du denn mal einfach das Gefühl haben, so zu sein, wie alle anderen um dich herum auch? Auch wenn du im Moment noch keine einzige Lesbe und keinen einzigen Schwulen kennst: Du kannst sicher sein, dass es sie zu Millionen gibt! Stell dich in die Fußgängerzone einer Großstadt und guck dir zwanzig Minuten lang die vorbeieilenden Menschen an. Du kannst sicher sein, dass du gerade hundert Schwule und Lesben gesehen hast. Mindestens.

Um sie zu treffen, kannst du einfach in die Szene gehen. Diese hat sich in den letzten Jahrzehnten so weit entwickelt, dass sie keine Wünsche offenlässt: Von Jugendgruppen über Kneipen, Discos und eine Menge verschiedener Websites ist für jeden Geschmack etwas dabei.

NUR FÜR JUGENDLICHE!

Wenn ein Mädchen entdeckt, dass es lesbisch ist, ist es meistens vor allem eines (und das nicht nur auf dem

Land, sondern auch in einer Stadt wie München!): einsam. Auch bei mir war – obwohl ich schon eine Lesbe
übers Internet kennengelernt hatte – das Gefühl, die Einzige zu sein, nie (wieder) eine Freundin zu finden, da. Ich
konnte in meiner Familie mit niemandem darüber sprechen und war verzweifelt. Ähnliche Geschichten höre ich
oft. Deswegen kann ich jeder jungen Lesbe nur empfehlen, sich zum Beispiel übers Internet zu informieren, wo in
ihrer Nähe lesbische Jugendgruppen sind, und diese zu besuchen – auch wenn es am Anfang Überwindung kostet.
Hier kann sie andere junge Lesben kennenlernen und sich
über drängende Themen, wie beispielsweise Coming-out,
Schule, Sex, Diskriminierung, unter Gleichgesinnten austauschen – eine Erfahrung, die unersetzlich ist.

Cornelia, 24

Ich habe sehr oft bei Bekannten erlebt, dass man in der
Szene schnell verheizt wird und abstumpft. Gerade für
junge Schwule finde ich das ziemlich fatal. Vielleicht hätte
ich mich auch mitreißen lassen von einem, der mir sagt:
Du bist der Einzige und so weiter. Man macht sich relativ
schnell zu einem Objekt. In der schwulen Szene spielen
außerdem oft Drogen eine große Rolle. Ich weiß das von
vielen Bekannten, die Erfahrungen damit gemacht haben.
Und wir haben auch viele Suchterkrankte als Patienten.
Man sollte sich bewusst machen, was da alles passieren
kann. Jeder muss seine Erfahrungen selber machen, aber
nicht naiv hineinrennen. Als Jugendlicher würde ich sehr
vorsichtig sein und erst einmal in ein Beratungszentrum
oder zu einer Jugendgruppe gehen. Vor allem auch, um
erst einmal festzustellen, dass es okay ist, wenn man so
ist, wie man ist. Und da gibt es einfach auch eine ganze
Menge anderer in meinem Alter, die so sind.

Matthias, 26

Du bist jung – vielleicht bist du zu jung, um in eine
schwule Kneipe oder eine lesbische Disco zu gehen (s.
»Dazu bist du noch zu jung ...« ab S. 90). Außerdem gilt
dein Interesse nicht Leuten, die zehn oder zwanzig Jahre
mehr auf dem Buckel haben. Du willst Jungs und Mädchen kennenlernen, die so alt sind wie du, die in einer
ähnlichen Lebenssituation sind, weil sie noch zur Schule
gehen und bei den Eltern wohnen. Und in die du dich
vielleicht verlieben kannst.

Dann ist es für dich sicher am besten, du wendest
dich an eine schwule oder lesbische Jugendgruppe. So
etwas gibt es fast in jeder großen Stadt. Manche Gruppen sind in erster Linie als Hilfestellung fürs Coming-out
angelegt. In anderen geht es mehr um die Freizeitgestal-
tung, um sportliche Aktivitäten, Ausflüge und gemeinsames Ausgehen. Oder um politische Aktionen, die die
Gleichberechtigung der Homosexuellen voranbringen
sollen.

Was auch immer dich anspricht, du wirst die gemein-
samen Treffen mit Leuten, die ähnlich fühlen wie du, sicher genießen.

In einem Alltag, in dem du dich mit Mitschülern und
Familienmitgliedern herumschlagen musst, die dich nie
ganz verstehen, findest du in der Jugendgruppe vielleicht
eine Art »Insel«. Hier musst du nichts erklären. Alles, was
du sagen könntest, ist für die anderen sowieso sonnen-
klar.

Ein Vorteil von Jugendgruppen ist auch, dass du andere Schwule oder Lesben kennenlernen kannst, ohne dass
es gleich darum geht, ob ihr irgendwelche Gefühle füreinander hegt oder euch sexuell angezogen fühlt. Ihr
habt Themen, über die ihr miteinander sprecht, oder Aktivitäten, die ihr gemeinsam plant. Dabei lernt ihr einan-

der ganz automatisch kennen und vielleicht ergibt sich daraus etwas, vielleicht auch nicht.

Diese Art des Kennenlernens hat etwas sehr Entspanntes. Was nicht heißt, dass nicht etwas sehr Aufregendes daraus entstehen kann!

Tipps, wie du eine Jugendgruppe findest:

Wende dich an das Jugendnetzwerk Lambda e.V., das lesbische und schwule Jugendgruppen in ganz Deutschland vereint. Vielleicht gibt es doch was in deiner Nähe! (www.lambda-online.de)

Ruf selbst eine schwul-lesbische Jugendgruppe ins Leben! Falls du einen Lehrer kennst, zu dem du ein gutes Verhältnis hast, kann er dir helfen, in der Schule eine Gruppe zu gründen. Oder du wendest dich an eine Beratungsstelle für Schwule oder Lesben, die einen Aushang macht und Anfragen an dich weiterleitet.

Versuche dein Glück im Internet. Einige Jugendgruppen bieten Foren oder Chatrooms an, in denen du dich mit anderen Jungs und Mädchen austauschen kannst.

GEMEINSAME INTERESSEN

Vielleicht ist dir das Alter der Leute, mit denen du deine Freizeit verbringst, nicht so wichtig. Dir ist es wichtiger, was du mit anderen machst: Vielleicht möchtest du mit anderen Schwulen zusammen irgendeine Sportart ausüben oder mit Lesben in einem Chor singen.

Dann solltest du dich über die verschiedenen Angebote informieren, die die homosexuelle Szene im Freizeitbereich bietet. In manchen Städten gibt es Verzeichnisse, in denen sich alle wichtigen Adressen finden, auch die der Freizeitgruppen (zum Beispiel www.rosamuenchen.de). Ob du dann zum Bergwandern oder zum Tanzclub gehst, skatest oder Musik machst, überall findest du Leute, mit denen dich zum einen dein Hobby verbindet, aber die eben auch in anderer Hinsicht so sind wie du.

Nützliche Internetlinks für Sport und Spaß:

www.queersport.org: Hier findest du einen Überblick über alle schwulen und lesbischen Sportvereine in ganz Europa!
www.legato-choirs.com: Vereinigung der schwul-lesbischen Chöre in Europa mit jeder Menge Adressen
www.dpsg-schlehe.de: Schwule und Lesben in der Deutschen Pfadfinderschaft St. Georg

IM REGENBOGENLAND

Ich finde, wenn man in der Szene unterwegs ist, ist vieles zu schwul. Es ist wie eine eigene Welt: Leute, die nur einen schwulen Bekanntenkreis haben und nur in schwulen Lokalen verkehren. Das finde ich übertrieben. Wenn man sagt, die eine Seite schließt die Schwulen aus, dann schließt man auf der anderen Seite die Heterosexuellen und die Lesben aus. Aber ich glaube, das sind eher die Älteren. Die Grenzen verschwimmen inzwischen. Auf die Partys gehen beispielsweise auch Heterosexuelle. Oder Lesben und Schwule zusammen.

Matthias, 26

In manchen Städten gibt es ganze Straßen oder Viertel, in denen fast nur schwule und lesbische Läden, Kneipen und Discotheken zu finden sind. Vom Frauenbuchladen bis zur dämmrigen Bar für »Ledermänner« (Schwule, die auf Lederklamotten stehen) gibt es hier alles.

Da die Geschmäcker verschieden sind, sind natürlich auch die Lokale recht unterschiedlich. Wenn du also jemanden hast, der sich in der Szene auskennt, dann lass dich erst mal beraten, was für dich passend wäre. Überall und zu jeder Zeit darfst du vermutlich sowieso noch nicht hin. Such dir also einen Ort aus, an dem auch tagsüber oder am früheren Abend schon was los ist, an dem sich junge Leute treffen und der dir von der Atmosphäre her behagt.

Manche Kneipen sind rein schwul oder rein lesbisch, andere sind gemischt, einige werden auch von Heteros besucht. Aber ob du dir ein Plüschcafé suchst oder mal im Buchladen stöberst, wichtig ist vor allem eines: Du gehörst hier auf einmal zur Mehrheit!

Da es in vielen, besonders schwulen Discos recht schnell zur Sache geht, sprich: nicht viele Worte gemacht werden, bevor man sich zum Sex verabredet, solltest du sehr gut aufpassen, wer dich anbaggert. Geh erst mal lieber mit jemandem zusammen in die Szene. Wenn du noch keinen Schwulen oder keine Lesbe kennst, nimm deinen besten Freund oder deine Schwester mit.

Noch besser: In manchen Städten veranstalten schwul-lesbische Jugendgruppen Discoabende. Dort fühlst du dich sicher wohler als in einer »Erwachsenendisco«, frag doch mal nach.

Und dann geht's los mit Flirten und Spaß haben!

DAS NETZ DER GEFÜHLE

Ich benutze das Internet, um jemanden kennenzulernen. In der Szene war ich fast gar nicht. Dazu bin ich, glaube ich, zu schüchtern. Das Internet hat den Vorteil, dass man erst einmal noch anonym ist. Man lernt sich kennen und dann trifft man sich. Es gibt Seiten im Internet, die haben Chatrooms, in denen man sein eigenes Profil hat. Meistens läuft es darauf hinaus, dass es eigentlich nur was für eine Nacht ist. So richtige Beziehungen entwickeln sich da wohl kaum. Zum Austoben ist es ganz gut, aber wenn man etwas älter wird, sucht man doch irgendwann eine feste Bindung. Da ist der persönliche, reale Kontakt wichtiger. Ich werde also doch irgendwann in die Szene gehen müssen, ob ich will oder nicht.

Olaf, 27

Das Internet ist nicht so mein Ding. Ich halte nicht so übermäßig viel davon. Ich finde es gefährlich. Es ist größtenteils aufs Sexuelle reduziert. Da läuft ganz viel mit Sex ohne Kondom. Es ist einfach anonymer. Ich mag immer ganz gern, dass man sich sieht und miteinander flirtet und redet. Und dort ist dann wahrscheinlich eh schon alles klar. Ich möchte eine persönliche Anziehung spüren. Das fehlt im Internet.

Matthias, 26

Ich weiß nicht, was ich gemacht hätte, wenn ich das Internet nicht gehabt hätte, um mich zu informieren und Leute kennenzulernen.

Cornelia, 24

Immer mehr junge Schwule und Lesben suchen ihr Glück nicht in den Straßen der Städte, sondern im Internet. Hier gibt es jede Information, ob über Politik oder HIV. Du findest die Adressen von Beratungsstellen und Gruppen. Und vor allem: Du kannst direkt mit anderen Homosexuellen kommunizieren, egal wo du dich gerade befindest! Im Internet kannst du wann immer dir danach ist das angenehme Gefühl abrufen: Ich bin nicht allein.

Empfehlenswerte Websites:

www.easyout.de: jede Menge Infos und Links für junge Lesben und Schwule.
www.younggay.de: chatten, Kontaktanzeigen und Foren nur für junge Schwule und Lesben
www.younglesbianshome.de: Seite für junge Lesben mit Forum und Kontaktanzeigen
www.seidu.de: schwul-lesbisches Jugendmagazin
www.dbna.de: schwules Jugendmagazin mit vielen Infos
www.purplemoon.at: österreichisches Forum für junge Lesben, Schwule und Bisexuelle
www.comingout.cc: österreichische Coming-out-Seite für Jugendliche
www.traudi.ch: Schweizer Seite schwuler und lesbischer Jugendgruppen
www.rainbowgirls.ch: Seite für lesbische und bisexuelle Mädchen in der Schweiz

Das Internet hat natürlich auch seine Schattenseiten. Im Chatroom kann sich jeder als sonst was ausgeben. Ein Traumboy von 18 Jahren ist in Wirklichkeit vielleicht eine 45-jährige Hausfrau. Und die einfühlsame Lesbe könnte genauso ein männlicher Psychologe im Alter deines Vaters sein.

Wenn du das im Hinterkopf behältst und im Internet nicht alles für hundertprozentig real annimmst, kannst du beim Chatten oder in einem Forum viel Spaß haben und andere unverbindlich kennenlernen.

Vorsicht aber, falls aus einem anonymen Internetkontakt eine Begegnung in der Wirklichkeit werden soll! Renn nicht kopflos irgendwohin, um den Traumpartner aus dem Netz zu treffen.

Lass deine Eltern oder einen guten Freund wissen, wann und wo du dich mit jemandem verabredet hast. Und geh zu niemandem nach Hause, sondern wähle als Treffpunkt immer einen Ort, an dem andere dabei sind, zum Beispiel ein Café.

Weitere Tipps zum Thema Sicherheit bei Kontaktanzeigen findest du auf der Website *www.comingouthelp.de* unter »gay-dangers!«.

LEBST DU ANDERS ODER LIEBST DU NUR ANDERS?

Ich trage gerne Röcke, rosa Klamotten, »Hello Kitty« und so. Das ist alles überhaupt nicht lesbisch, aber das ist mir egal, ich mag das eben. Ich habe mir gerade noch ein Ohrloch stechen lassen, da kommt so ein Stecker mit einem doppelten Weiblich-Symbol rein.

Katharina, 20

Was ich bemerkt habe, wenn ich beispielsweise in einem Möbelhaus bin, dass ich nach Decken oder schönen Gardinen oder so schaue. Was für einen Mann nicht typisch ist. Oder dass ich auf irgendwelche Accessoires bei Klamotten achte. Da bin ich ein bisschen anders als der »normale« Mann. Aber sonst glaube ich nicht, dass ich grundlegend alles anders mache.

Olaf, 27

Heutzutage ist es nicht mehr so wichtig, sich als Lesbe von der allgemeinen Gesellschaft abzusetzen. Viele ältere Lesben, die noch aus der Frauen-/Lesbenbewegung kommen, machen sich in meinen Augen absichtlich unattraktiv, sie schneiden sich die Haare ab und tragen weite Klamotten, damit man ja keine Rundungen sieht. Bei den jungen Lesben ist das anders. Mein Eindruck ist, dass heutzutage unter den jungen Lesben eine größere Vielfalt möglich und in gewissem Sinne auch »erlaubt« ist – es gibt junge Lesben, die sich nicht anders als Hetero-Frauen kleiden. Auch Röcke und Schminken sind nicht tabu. In manchen Discos findet man aber auch junge Lesben, die die Haare kurz tragen, aber dann aufgestylt mit Gel und schwarz oder blond gefärbt, oder auch mit engen Tops.

Cornelia, 24

Ich entspreche weder dem Hetero- noch dem Homoklischee. Ich interessiere mich zum Beispiel bei Weltmeisterschaften für Fußball. Ich mag aber auch Porzellan, was man vielleicht eher einem Schwulen zuschreibt. Anders als die meisten bin ich sicher schon, sonst wäre das ja nicht schon meinen Mitschülern damals aufgefallen. Ich denke, man merkt mir an, dass ich schwul bin. Das finde ich aber auch nicht schlimm.

Matthias, 26

Enge Tops oder Schlabberpullis, Kurzhaarschnitt und Ohrring, Schminke, Nicht-Schminke, Windhund oder Mops – alles kann »typisch schwul« oder »typisch lesbisch« sein oder eben einfach nur persönliche Vorliebe. Früher galt es beispielsweise als sicherer Hinweis auf einen Schwulen, wenn ein Junge einen Ohrring im rechten Ohr trug. Heute ist das nicht mehr so eindeutig, manche Männer tragen sogar auf beiden Seiten Ohrringe.

Früher waren die Dresscodes in der homosexuellen Szene strenger als heute. Viele Schwule und Lesben haben nicht mehr so stark das Bedürfnis, sich optisch von den Heterosexuellen abzusetzen. Ob du also als Lesbe Röcke verweigerst oder als Schwuler deine Haare scherst, ist deine ganz individuelle Entscheidung. Viele ehemalige Modeerscheinungen werden von jugendlichen Schwulen und Lesben aber nicht mehr aufgegriffen. So gibt es in der »Lederszene«, die Stiefel, Jeans und Lederjacke trägt, wenig junge Schwule. Und unter den jungen Lesben kleidet sich selten eine so betont männlich, wie es früher die sogenannten »kessen Väter« taten.

Die Grenzen zwischen heterosexuellen und homosexuellen Menschen verschwimmen zunehmend; du kannst durchaus als Lesbe im Blümchenkleid in einem Schwulen-Café mit einem heterosexuellen Schulfreund zusammensitzen.

Was unterscheidet dich dann außer deiner Liebe zum gleichen Geschlecht von anderen Leuten? Sicher, dass du dir mehr Gedanken über Liebe und Sexualität machst und über deine Rolle als Mädchen oder Junge. Und vielleicht dadurch auch eine andere Einstellung zu manchen Dingen hast, die sich auch auf deinen Geschmack, deinen Humor und deine Hobbys auswirkt. Vielleicht willst du als Lesbe Literatur lesen, die etwas mit weiblicher Sexualität zu tun hat, oder entsprechende Filme anschauen. Vielleicht liest du als Schwuler gerne Comics oder magst eine bestimmte Techno-Band. Du kannst aber natürlich genauso gut die Charts hören und dir die nächste Hollywood-Hetero-Schnulze reinziehen und dabei ein bisschen mitweinen – warum auch nicht?

HOMOSEXUELLE SYMBOLE

Es gibt ein paar Symbole, die traditionell in der Schwulen- und Lesbenszene benutzt werden. Wo sie auftauchen, kannst du davon ausgehen, dass du Gleichgesinnte antriffst.

Regenbogenflagge: International meistverbreitetes Symbol der Lesben- und Schwulenbewegung, geschaffen 1978 in San Francisco von Gilbert Baker, einem schwulen Künstler. Das Symbol der Regenbogenflagge kannst du dir auf der hinteren Umschlagklappe anschauen.

Geschlechtssymbole: Zweimal männlich heißt schwul, zweimal weiblich lesbisch.

Rosa Winkel: Häftlingssymbol der Schwulen in den Konzentrationslagern der Nazis. Wird heute aus Solidarität mit den Opfern getragen.

Lambda: Seit den Siebzigerjahren Symbol der Lesben- und Schwulenbewegung. Lambda steht für »libertas« (Freiheit). Heute eher verstecktes Erkennungszeichen zwischen Homosexuellen.

Red Ribbon: Symbol für Aids. Die rote Schleife wird als Zeichen der Solidarität mit HIV-Positiven an die Kleidung gesteckt.

HOMOSEXUALITÄT GESTERN UND HEUTE

Wenn man heute in einer deutschen Großstadt shoppen geht, kann es sein, dass einem zwei Männer Arm in Arm entgegenspazieren. Das war vor gar nicht langer Zeit nicht selbstverständlich. Wenn du also feststellst, dass du als Junge auf Jungen oder als Mädchen auf Mädchen stehst, ist es interessant zu wissen, dass ältere Homosexuelle für die Rechte und Anerkennung gekämpft haben, die du heute von Anfang an hast.

DAMALS HINTERM MOND[6]

Mir ist bewusst, was die Generationen vor mir geleistet und bewegt haben. Und sie bekommen meine höchste Anerkennung für dieses Engagement und den Mut, sich in dieser Zeit zu outen und sich dem »Problem« zu stellen, homosexuell zu sein.

Katharina, 20

Manche ältere Lesben finden es schlecht, dass die jungen nicht deutlicher zeigen, dass sie anders sind. Das war vor 30 Jahren vielleicht wichtig, weil die Gesellschaft damals noch nicht so offen war. Aber inzwischen ist sie zwar noch nicht ganz offen, sonst wäre es ja das Paradies, aber schon viel besser. Da muss man nicht mehr so altmodische extrem feministische Parolen raushängen lassen.

Sylvie, 17

Früher war es gefährlich, offen homosexuell zu leben, weil man fürchten musste, im Gefängnis oder in einer psychiatrischen Anstalt zu landen. Viele Schwule und Lesben heirateten und hatten Kinder mit ihren heterosexuellen Partnern. Entweder verdrängten sie ihre wahren Gefühle oder sie hatten Liebschaften, von denen niemand etwas wissen durfte.

Natürlich spürten oder wussten oft auch die Ehepartner, dass irgendwas nicht stimmte. Viele Homosexuelle lebten mitten in einer Familie, waren »gut Freund« mit ihrem Partner und trotzdem krank vor Einsamkeit.

Heutzutage in Mitteleuropa haben Homosexuelle immer mehr die Chance, in ihren Bedürfnissen anerkannt zu werden. Leider fallen immer wieder dumme und unüberlegte Aussagen über Schwule und Lesben, die ihren Ursprung in der leidvollen Vergangenheit der Homosexuellen und in traditionellen Vorstellungen davon haben, wie Ehe und Familie auszusehen haben. Es wird wohl noch dauern, bis die alten Vorurteile aus allen Köpfen raus sind.

Man mag es sich gar nicht vorstellen, aber im späten Mittelalter wurden Schwule und Lesben sogar – genau wie vermeintliche Hexen – auf dem Scheiterhaufen verbrannt. Die christliche Kirche hatte im Staat viel zu sagen und sah im Sex zwischen Gleichgeschlechtlichen eine Todsünde. Erst um 1800, als die Kirche an Macht verlor, lockerten sich die Gesetze in Europa.

Im 19. Jahrhundert, als die Welt immer mehr wissenschaftlich statt religiös erklärt wurde, wurde der Begriff »Homosexualität« erfunden. Wissenschaftler fingen an zu forschen, ob Homosexualität beispielsweise eine psychische Krankheit ist oder in der Familie vererbt wird. Bis heute haben sie damit nicht aufgehört (s. auch Kapitel »Ein bisschen Theorie ...« ab S. 79).

DIE GESCHICHTE EINES PARAGRAPHEN

1871: Das neue Strafgesetzbuch des Deutschen Reichs enthält den § 175, der Sex zwischen Männern unter Gefängnisstrafe bis zu einem halben Jahr stellt.

1920er-Jahre: Die Abschaffung des § 175 wird heiß diskutiert, rechte Politiker wollen ihn aber sogar noch schärfer anwenden.

1935: Die Nationalsozialisten erhöhen die Höchststrafe auf fünf Jahre Gefängnis. Oft sind es Nachbarn oder Kollegen, die Schwule anzeigen. Auch zahlreiche Jugendliche werden verurteilt. Zigtausende landen im Gefängnis. Man schätzt, dass ungefähr 10 000 Schwule in Konzentrationslager eingewiesen werden. Diese müssen als Abzeichen einen rosa Winkel tragen. Etwa 6 000 überleben das KZ nicht.

Nach 1945: Der § 175 wird von der Bundesrepublik so übernommen, wie ihn die Nazis verändert haben. Dadurch müssen viele Schwule nach der Entlassung aus dem KZ noch jahrelang ins Gefängnis, um ihre Strafe abzusitzen.

Die DDR entscheidet sich für die alte Fassung des § 175, geht aber in der Praxis ab Ende der 50er Jahre nicht mehr gegen Homosexuelle vor.

1968: Die DDR stellt nur noch homosexuelle Handlungen zwischen Erwachsenen (egal ob männlich oder weiblich) und Jugendlichen unter Strafe.

1969: In der BRD wird der § 175 abgeändert. Erwachsene Männer dürfen jetzt offen schwul leben. Nur Sex zwischen erwachsenen Männern und Jungen unter 18 bleibt weiterhin verboten.

1988: Die DDR schafft den Paragraphen gegen Homosexualität komplett ab.

1994: Endlich wird im wiedervereinigten Deutschland der § 175 abgeschafft. Homosexuelle werden strafrechtlich nicht mehr anders behandelt als Heterosexuelle.

Als Mädchen fragst du dich jetzt sicher, wo in dieser ganzen Paragraphengeschichte eigentlich die Lesben bleiben. Da kann man nur sagen, dass sie Glück im Unglück hatten. Sex zwischen Frauen wurde nämlich nie so richtig ernst genommen und deshalb auch nicht offiziell bestraft. Allerdings wurden Lesben beispielsweise unter den Nazis als »Asoziale« in KZs verschleppt.

Die Unterdrückung der Lesben war nicht so offensichtlich wie die der Schwulen. Dadurch war es aber auch schwieriger für sie, für mehr Rechte zu protestieren. Je mehr sich aber die Frauen insgesamt emanzipierten, desto mehr trauten sich Lesben an die Öffentlichkeit, teilweise auch in der Frauenbewegung oder gemeinsam mit Schwulen. Nach wie vor aber ist die lesbische Liebe als eigene Form der Beziehung viel weniger in den Köpfen der meisten Menschen als die schwule.

In den 20er-Jahren des 20. Jahrhunderts entwickelte sich die erste Schwulen- und Lesbenbewegung, die aber von den Nazis zerschlagen wurde. Erst Ende der 60er-Jahre lebte sie wieder auf, bestärkt vom allgemein freieren Umgang mit Sexualität und internationalen Protesten. Vielleicht hast du schon einmal vom »Christopher Street Day« gehört. Aber weißt du auch, was an diesem Tag eigentlich so groß mit Umzügen gefeiert wird?

DER CHRISTOPHER STREET DAY

Es ist der 28. Juni 1969. Kurz nach Mitternacht führt die Polizei eine Razzia in der Bar »Stonewall Inn« in der Christopher Street in New York durch. In dieser Straße treffen sich regelmäßig Schwule und Lesben. Normalerweise machen sie sich beim Eintreffen der Polizei aus dem Staub, denn in den USA ist Homosexualität genau wie in Deutschland verboten.

Doch heute kommt es anders: Vor der Kneipe versammeln sich die Homosexuellen der ganzen Straße. Als die Polizei Verstärkung anfordert und Festgenommene in einen Mannschaftswagen verfrachtet, schlägt die Stimmung um. Die etwa 400 bis 500 Schwulen und Lesben bemühen sich die Verhafteten zu befreien. Die überraschten Polizisten fliehen ins »Stonewall Inn«. Daraufhin versuchen die wütenden Homosexuellen, die Kneipe zu stürmen und das Gebäude anzuzünden. Erst als eine übermächtige Polizeiverstärkung anrückt, fliehen sie.

Mit dem Christopher Street Day beginnt eine internationale Bewegung gegen die Verfolgung von Schwulen und Lesben mit zahlreichen Demonstrationen. Ohne diese gäbe es heute in Deutschland, der Schweiz und zunehmend auch in Österreich nicht die nahezu gesetzliche Gleichbehandlung von Homosexuellen.

HOMOSEXUALITÄT IN DER RELIGION

Wenn du an Gott glaubst und dich zu einer Kirche oder anderen Gruppe bekennst, wird es für dich wichtig sein, ob deine Glaubensgemeinschaft positiv oder negativ über die Liebe zwischen Menschen gleichen Geschlechts denkt. Dabei darfst du aber nicht vergessen, dass verschiedene Vertreter derselben Kirche durchaus eine unterschiedliche Meinung zu diesem Thema haben können.

In der Bibel gibt es ein paar Stellen, die man so auslegen kann, dass sie sich auf Homosexualität beziehen.

Wenn man, wie manche konservativen Leute, die Bibel wörtlich nimmt, findet man hier keine Zustimmung der gleichgeschlechtlichen Sexualität. Wer aber, wie viele moderne Christen, die Bibel in ihren menschenfreundlichen Grundaussagen interpretiert, wird auf die Tatsache stoßen, dass für Christus die Liebe zwischen den Menschen das Wichtigste ist. Wenn du also liebst, kann das nichts Falsches sein.

Die katholische Kirche und auch der Papst sind dagegen, dass man seine homosexuellen Gefühle auslebt. Das bedeutet, du darfst zwar als gläubiger Katholik solche Gefühle haben, aber du sollst »enthaltsam« leben. Dass der Papst so denkt, liegt sicher vor allem daran, dass für ihn das Ideal eine Familie ist, in der Mann und Frau verheiratet sind und Sex nur zum Kinderzeugen da ist.

Dir ist sicher klar, dass das heutzutage mit der Wirklichkeit wenig zu tun hat. Die meisten Menschen, egal ob katholisch oder nicht, haben Sex, weil er ihnen Spaß macht, weil er ihnen körperlich und seelisch guttut und weil sie denjenigen lieben, mit dem sie schlafen. Viele heterosexuelle Menschen, die an Gott glauben, haben nur ein bis zwei Kinder, viele auch gar keine. Trotzdem hatten die meisten von ihnen sicher im Alter von 30 Jahren schon viele hundert oder tausend Male Sex, viele von ihnen mit verschiedenen Personen, ohne verheiratet zu sein und ohne Kinder zu zeugen.

In der evangelischen Kirche gibt es, anders als in der katholischen, keinen Papst, der Glaubensrichtlinien vorgibt. Deshalb gibt es auch extrem unterschiedliche Einstellungen zur Homosexualität. Es gibt Freikirchen, die Schwule und Lesben sehr scharf verurteilen, und es gibt sogar Kirchengemeinden, die gleichgeschlechtliche Partnerschaften vor dem Altar segnen.

Am offensten gegenüber Homosexuellen ist im Christentum die altkatholische Kirche. Der altkatholische Bischof Joachim Vobbe meint: »Unbestritten dürfte für uns Christen sein, dass gleichgeschlechtlich empfindende Menschen einen ebensolchen Anspruch darauf haben, zu lieben und geliebt zu werden und – vor allem – sich selbst achten zu dürfen, wie andere Menschen auch.«[7]

Vielleicht hast du Gewissensbisse oder unterdrückst gar deine tiefsten Empfindungen, wenn du homosexuelle Gefühle bei dir entdeckst. Manche Pfarrer empfehlen, durch Gebete von der »Sünde« der Homosexualität loszukommen. Du solltest aber erst einmal sehen, ob es auch einen anderen, christlicheren Weg für dich gibt. Was Gott wirklich dazu meint, weiß schließlich auch keiner von ihnen. Vielleicht will er ja, dass wir uns nicht so beschränken, sondern einfach den lieben, der am besten zu uns passt, egal welches Geschlecht derjenige hat.

Christlich eingestellte Homosexuellengruppen findest du auch hinten im Adressteil ab S. 125.

Falls du in einem muslimisch geprägten Elternhaus aufwächst oder deine Familie aus einem Land kommt, in dem eine andere Einstellung zur Homosexualität besteht als in Mitteleuropa, dann fühlst du dich in Deutschland als Schwuler oder Lesbe vielleicht missverstanden. In vielen Kulturen sind die Rollen, die Männer und Frauen spielen, viel schärfer getrennt als bei uns. Der Mann ist der starke Familienversorger und die Frau führt den Haushalt und gilt als das schwächere Geschlecht. Für Schwule kann das bedeuten, dass sie nicht als Männer angesehen werden, weil man annimmt, sie seien zu weich, zu weiblich.

In vielen islamisch geprägten Ländern gilt in einer schwulen Beziehung besonders der passive der beiden Partner als nicht vollwertig, während der aktive weiterhin als »echter« Mann angesehen wird. Eine lesbische Beziehung offen zu leben, ist genauso schwer, weil man automatisch davon ausgeht, dass ein Mädchen heiratet.

Wenn du beispielsweise als türkischer Homosexueller in Deutschland, Österreich oder der Schweiz lebst, ist es nicht leicht, eine Gruppe zu finden, in der du dich zu Hause fühlst. Die eigenen Landsleute sind einem gegenüber vielleicht skeptisch, weil man schwul oder lesbisch ist, viele mitteleuropäische Homosexuelle sind misstrauisch gegenüber Moslems. Es gibt aber glücklicherweise inzwischen auch Gruppen von ausländischen Schwulen und Lesben, die sich treffen und austauschen.

EIN BISSCHEN THEORIE ...

Falls du dich selbst als homosexuell bezeichnen würdest, heißt das noch lange nicht, dass du erklären musst, warum du das bist. Du wirst sicher im Laufe deines Lebens Schlaumeier treffen, die glauben, sie wüssten warum. Tatsache ist aber, dass überhaupt nichts bewiesen ist. Jeder Mensch hat andere sexuelle Vorlieben und die bleiben nicht mal das ganze Leben durch gleich. Du mochtest ja vielleicht auch mit vier Jahren keine Pilze und liebst jetzt Pizza Funghi.

Trotzdem ist es gut, wenn du auf diese verschiedenen schlauen Theorien vorbereitet bist. Dann kannst du besser darauf reagieren, am besten mit einem schulterzuckenden: »Kann schon sein, ist aber auch egal«.

Zum einen sind da die Psychiater. Im 19. Jahrhundert wurde der Begriff »Homosexueller« erfunden und damit eine Gruppe von Menschen zu Kranken und Außenseitern gemacht. Viele Homosexuelle landeten in psychiatrischen Kliniken. Homosexualität war bis 1994 sogar im Krankheitenkatalog der Weltgesundheitsorganisation aufgeführt! Sigmund Freud, der die moderne Psychoanalyse begründet hat, ging bei der Homosexualität nicht von einer echten Krankheit aus, aber er glaubte, Homosexuelle seien in ihrer sexuellen Reife stecken geblieben. Jedes Kind hat demnach auch homosexuelle Gefühle, aber bis es erwachsen wird, ist es eigentlich darüber hinausgewachsen. Warum ein Teil der Menschen auch als Erwachsener starke Gefühle für das gleiche Geschlecht hat, wurde oft untersucht.

Die Psychologie sucht die Ursache für die Homosexualität am liebsten bei deinen Eltern. Wenn du andere Lesben und Schwule kennenlernst, wirst du feststellen, dass sie eine ganz andere Beziehung zu ihren Eltern haben als du. Genau wie eben auch die Eltern von Heteros ganz unterschiedlich sind. Die meisten modernen Therapeuten versuchen nicht mehr dich von der Homosexualität zu »heilen«, sondern dir zu helfen, dass du sie akzeptieren kannst. Falls du also mal zu einem Psychotherapeuten gehen solltest, frage ihn zuerst nach seiner Einstellung zu deiner sexuellen Orientierung!

Dann gibt es die Hormonforscher. Bestimmte Drüsen im Körper schütten Hormone aus, die zum Beispiel bewirken, ob man eher aufgeregt oder ruhig ist, die aber auch steuern, dass dir in der Pubertät der Bart oder die Brust wächst. Letztere sind dann männliche oder weibliche Hormone, die auch mitwirken, wenn du dich verliebst oder sexuell erregt bist. Die Hormonforscher gehen davon aus, dass deine Mutter während der Schwangerschaft bestimmte Hormone zu wenig ausgeschüttet hat. Diese Hormone bestimmen bei deiner Entwicklung im Mutterleib mit, ob dein Gehirn später auf Mädchen oder auf Jungen reagiert. Auch hier ist die Gefahr groß, Homosexualität »heilen« zu wollen, indem man Menschen künstlich mit Hormonen behandelt.

Zurzeit am populärsten sind die Theorien der Genforschung. Sie sucht das »Schwulen«- beziehungsweise »Lesben-Gen«. Sympathisch an dieser Theorie ist natürlich, dass überhaupt keiner was dafür kann, wenn du homosexuell bist, weder deine Erziehung noch die Hormone deiner Mutter, denn deine genetische Veranlagung ist Schicksal, so wie deine Haarfarbe oder ob du Links- oder Rechtshänder bist. Unsympathisch ist aber, dass auch die Genforscher meist nicht beim Entdecken einer Ursache bleiben, sondern Gene verändern wollen. Bisher ist kein homosexuelles Gen gefunden worden. Aber will etwa irgendwer, dass Embryonen auf ihre sexuelle Orientierung hin untersucht werden und man sie umpolt, wenn man entdeckt, dass dieses kleine Wesen in 15 Jahren mal eine Lesbe oder ein Schwuler sein wird?

Übrigens findet man auch im Tierreich bei vielen verschiedenen Arten homosexuelles Verhalten. Und dort regt sich niemand darüber auf.

Kein Mensch versucht heute noch, einen Linkshänder zum Rechtshänder zu machen. Die Benutzung der Hand ist angeboren und man kann mit links genauso geschickt sein wie mit rechts. Und kein Mensch versucht aus jemandem, der von seinen Eltern als Muttersprache Französisch gelernt hat, im Nachhinein einen Deutschen zu machen. Warum auch? Man kann als Franzose schließlich genauso glücklich werden wie als Deutscher. Genauso sollte man auch die Lesben und Schwulen einfach so lassen, wie sie sind, selbst wenn man jemals die Ursache für ihre sexuelle Orientierung finden sollte.

Eine sehr interessante Studie führte übrigens vor über

fünfzig Jahren ein Amerikaner durch. Kinsey befragte Tausende von Amerikanern nach ihrem Sexualverhalten. Dabei kam heraus, dass die Einteilung in Heterosexuelle und Homosexuelle so gar nicht stimmt. Viele Menschen machen sexuelle Erfahrungen mit beiden Geschlechtern.

Alfred C. Kinsey meinte, es sei falsch, »zwischen zwei deutlich verschiedenen Gruppen, Heterosexuellen und Homosexuellen, zu unterscheiden. Man kann die Welt nicht in Schafe und Ziegen einteilen. Nicht alle Dinge sind schwarz oder weiß ... Die Natur kennt keine scharfen Einteilungen. Nur der Mensch erfindet Kategorien und versucht die Wirklichkeit in verschiedene Schubfächer zu zwingen.«[8]

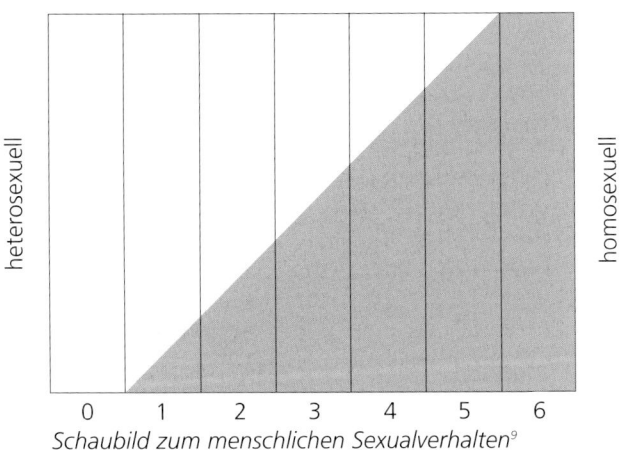

Schaubild zum menschlichen Sexualverhalten[9]

0: ausschließlich heterosexuelles Verhalten
1: überwiegend heterosexuelles, gelegentlich homosexuelles Verhalten
2: überwiegend heterosexuelles, jedoch häufiger als gelegentlich homosexuelles Verhalten

3: heterosexuelles und homosexuelles Verhalten zu gleichen Teilen

4: überwiegend homosexuelles, jedoch häufiger als gelegentlich heterosexuelles Verhalten

5: überwiegend homosexuelles, gelegentlich heterosexuelles Verhalten

6: ausschließlich homosexuelles Verhalten

Besser, als von Homosexuellen zu sprechen, wäre es also eigentlich, von homosexuellen Erlebnissen zu sprechen. Dann müsste niemand sich zu einer bestimmten Gruppe zuordnen und viele, die nie von sich behaupten würden, sie seien schwul oder lesbisch, könnten zugeben, dass sie auch schon mal einen Menschen des eigenen Geschlechts erotisch fanden oder sexuellen Kontakt mit ihm hatten, ohne Angst davor haben zu müssen, von anderen ausgeschlossen zu werden.

DER QUOTEN-SCHWULE

Als in der Fernseh-Serie »Lindenstraße« 1990 der erste Kuss zwischen zwei Männern gezeigt wurde, war das noch eine Sensation. Inzwischen kommt das Thema Homosexualität fast in jeder bekannten Fernsehserie vor, ob in »Gute Zeiten, schlechte Zeiten« oder »Verbotene Liebe«.

Die Filmemacher überlegen sich als Abwechslung immer mal wieder eine gleichgeschlechtliche Liebesgeschichte. Das kann man kritisch sehen, denn oft geht es in Soaps natürlich ganz schön klischeehaft zu. Aber wenn man bedenkt, wie viele Menschen jeden Tag vor dem Bildschirm sitzen und sehen, wie eine Frau morgens neben einer anderen Frau aufwacht oder wie zwei Männer am Küchentisch eine Beziehungskrise durchstehen, kann man dem auch etwas Positives abgewinnen. Neuerdings laufen im Spätabendprogramm auch amerikanische Serien, in denen es fast ausschließlich um homosexuelle Hauptpersonen geht. Homosexualität dringt dadurch zunehmend ins Bewusstsein auch vieler Heterosexueller ein und wird etwas ganz Alltägliches.

Mehr Tiefe als die Seifenopern haben einige Kinofilme, in denen das Coming-out oder die Liebe zwischen zwei Homosexuellen die Hauptgeschichte bilden. Vielleicht kannst du dir einige Filme auf DVD ausleihen.

Filmtipps zum Thema Homosexualität:

2 girls in love *(USA, 1995, FSK ab 12): Liebeskomödie zwischen einem burschikosen Mädchen aus dem Arbeitermilieu und einer Highschool-Prinzessin aus gutem Hause.*
Beautiful thing *(GB, 1996, FSK ab 12): Liebesgeschichte zwischen zwei sehr unterschiedlichen Nachbarsjungen in einem tristen Londoner Wohnsilo.*
Raus aus Åmål *(Schweden, 1998, FSK ab 12): Coming-out und Liebe zwischen zwei Mädchen in einem schwedischen Kaff.*
Aimée und Jaguar *(Deutschland, 1998, FSK ab 12): Die tragische Liebe zwischen einer Jüdin und einer deutschen Hausfrau während der Nazizeit.*
Lost and delirious *(Kanada, 2001, FSK ab 16): Liebesgeschichte zwischen zwei Internatsschülerinnen, von denen eine noch nicht zu ihrem Lesbischsein stehen kann.*
Sommersturm *(Deutschland, 2004, FSK ab 12): Das Coming-out eines schwulen Jugendlichen während eines Sommerzeltlagers.*
Brokeback Mountain *(USA, 2005, FSK ab 12): Die Liebe zwischen zwei Cowboys, die ihre Beziehung über Jahre heimlich leben.*

Neben Fernseh- und Kinofilmen kommt das Thema Homosexualität natürlich auch immer wieder in der Zeitung aufs Tablett. Wenn sich der Papst zu schwulen Priestern äußert oder sich ein homosexuelles Prominentenpaar trennt, geht es oft nicht nur um die sachliche Nachricht, sondern auch um die Einstellung einer Zeitung zu Schwulen und Lesben.

Von deutlichen Vorurteilen nach dem Motto »Zwei Männer – geht das auf die Dauer doch nicht gut?« bis zu ausführlichen und sachlichen Artikeln kann man alles finden. Die Stammleser des jeweiligen Blattes erwarten eine eher konservative oder offene Haltung.

Wenn dich ein Artikel aufregt, besorg dir noch eine andere Zeitung und schau, was die zu dem Thema zu sagen hat. Oder schreib einen Leserbrief an die jeweilige Zeitung, damit die Redaktion sieht, dass auch Lesben und Schwule zu ihren Lesern gehören und diese mit einer solchen Darstellung nicht einverstanden sind.

DIE AUCH? WER HÄTTE DAS GEDACHT!

Prominent und homosexuell zu sein ist sicher nicht einfach. Outet man sich nicht, wird hintenrum über einen geredet und irgendwann wird man mit seiner neuen Liebe beobachtet und landet – zack – auf dem Titelbild irgendeiner Zeitung. Hat man ein öffentliches Coming-out wie zum Beispiel der Berliner Bürgermeister Wowereit (»Ich bin schwul, und das ist gut so!«), wird man ständig beobachtet, ob man sich als geouteter Schwuler oder Lesbe auch vorbildlich benimmt. Denn jeder Homosexuelle, der bekannt und beliebt ist, kann schließlich Jugendlichen wie dir als positives Beispiel dienen. Aber auch ein Prominenter ist nur ein Mensch. Wenn du dir einen prominenten Schwulen oder eine bekannte Lesbe zum Vorbild nimmst, erwarte keine Unfehlbarkeit, sondern eine spannende Persönlichkeit mit Ecken und Kanten.

Vielleicht hast du aber auch das Glück, einen älteren Schwulen oder eine Lesbe persönlich zu kennen, der oder die dir durch seine beziehungsweise ihre Art als Vorbild dient. Umso besser: Dann kannst du mit dem- oder derjenigen über deine Gefühle und Unsicherheiten sprechen und Unterstützung bekommen. Oder wenigstens beobachten, wie selbstbewusst, lebenslustig und humorvoll Schwule und Lesben drauf sein können.

Berühmte Homosexuelle

Leonardo da Vinci (1452–1519): *italienischer Künstler und Wissenschaftler, der Berichten zufolge homosexuell gewesen ist*

Thomas Mann (1875–1955): *bedeutender Schriftsteller des 20. Jahrhunderts, war verheiratet und hatte sechs Kinder. War aber schwul. In vielen seiner Texte ist Homosexualität Thema, z. B. »Der Tod in Venedig«.*

Rosa von Praunheim (geb. 1942): *schwuler Filmemacher, der 1970 mit dem dokumentarischen Spielfilm »Nicht der Homosexuelle ist pervers, sondern die Situation, in der er lebt« die deutsche Schwulenbewegung mit anstieß*

Martina Navratilova (geb. 1956): *US-amerikanische Tennisspielerin tschechischer Herkunft, die 1981 von einem Journalisten geoutet wurde und seither offensiv für Lesben eintritt*

Ellen DeGeneres (geb. 1958): *Hauptdarstellerin der Sitcom »Ellen«, sowohl dort als auch privat offen lesbisch*

Hella von Sinnen (geb. 1959): *in der Frauenbewegung aktive Komikerin und Entertainerin*

Ulrike Folkerts (geb. 1960): *Schauspielerin, macht aus ihrer Homosexualität kein Geheimnis*

Guido Westerwelle (geb. 1961): *FDP-Politiker; hat seine Homosexualität nie verheimlicht, sich aber erst 2004 geoutet, indem er seinen Lebensgefährten zur Geburtstagsfeier von Angela Merkel (CDU-Politikerin) mitbrachte*

Melissa Etheridge (geb. 1961): *amerikanische Sängerin, die offen lesbisch lebt und mit ihrer früheren Lebensgefährtin Julie Cypher zwei Kinder aufzieht*

George Michael (geb. 1963): *amerikanischer Popmusiker, der aus seiner Homosexualität kein Geheimnis machte, aber erst durch ein Strafverfahren offiziell geoutet wurde*

Hape Kerkeling (geb. 1964): *schwuler Entertainer, moderiert unter anderem Fernsehshows*

GLEICHES RECHT FÜR ALLE

»Alle Menschen sind vor dem Gesetz gleich«, heißt es in Artikel 3 des deutschen Grundgesetzes. Deshalb sollte für dich als homosexuellen Menschen die rechtliche Situation gleich sein wie für Heterosexuelle. Wesentliche Unterschiede gibt es tatsächlich nur noch in den Bereichen Ehe und Kinder. Ansonsten sind aber glücklicherweise in Deutschland, der Schweiz und mit etwas Verzögerung auch in Österreich in den letzten Jahrzehnten die meisten Gesetze abgeschafft worden, die Homosexuelle diskriminiert haben.

DARF ICH ODER DARF ICH NICHT?

Homosexualität darf rechtlich gesehen genauso gelebt werden wie Heterosexualität. Jeder Mensch darf seine Sexualität ausleben, egal ob er Peter oder Petra liebt oder auch beide.

In allen europäischen Ländern gibt es aber ein sogenanntes »Schutzalter«, das heißt, mit Kindern oder jüngeren Jugendlichen darf man keine sexuellen Handlungen vornehmen, ganz egal ob diese hetero- oder homosexuell sind.

In Deutschland liegt dieses Schutzalter bei 14 Jahren. Theoretisch macht sich also ein 15-Jähriger strafbar, wenn er Sex mit einem 13-Jährigen hat. Allerdings müsste er dazu erst einmal von jemandem angezeigt werden. Wenn du mit 13 einen Lover hast, der zwei Jahre älter ist als du, wirst du wohl kaum nach dem Sex zur Polizei rennen und ihn wegen sexuellen Missbrauchs anzeigen.

In Österreich und der Schweiz wird darauf Rücksicht genommen, dass Jugendliche sich nicht strafbar machen, wenn sie Sex miteinander haben. In Österreich ist zwar das Schutzalter wie in Deutschland bei 14 Jahren, allerdings darf man ab 12 Jahren schon schmusen, wenn der andere nicht mehr als vier Jahre älter ist. Und ab 13 darf man schon miteinander schlafen, wenn der andere nicht mehr als drei Jahre älter ist.

In der Schweiz ist man zwar erst ab 16 sexuell mündig, aber mit unter 16-Jährigen ist Sex erlaubt, wenn der Altersabstand nicht mehr als drei Jahre beträgt.

Anders sieht die Situation aus, wenn du dich als Jugendlicher mit einer sehr viel älteren Person eingelassen hast. Mehr dazu im folgenden Unterkapitel.

ANFASSEN VERBOTEN!

Dein Körper gehört dir alleine und du hast das Recht, Nein zu sagen, wenn du nicht berührt werden willst. Ganz egal ob derjenige dein Cousin ist, eine Jugendgruppenleiterin oder der große Unbekannte auf der Straße.

Auch wenn du deinen Gruppenleiter sehr gerne magst oder es dir schmeichelt, dass eine erwachsene Frau dir Komplimente macht: Du solltest immer darauf achten, mit wem du dich einlässt, und dich davor schützen, von einem Erwachsenen, der in der Regel mehr sexuelle Erfahrung hat als du, ausgenutzt zu werden!

Wenn du unter 14 (in der Schweiz unter 16) Jahre alt bist, dann macht sich ein Erwachsener strafbar, wenn er mit dir sexuelle Handlungen welcher Art auch immer vornimmt. Das nennt man sexuellen Missbrauch!

Aber auch bei über 14-Jährigen macht sich ein Erwachsener strafbar, wenn er in einer bestimmten Funktion zu dir steht, also zum Beispiel deine Lehrerin oder dein Gruppenleiter ist. Man geht dann davon aus, dass du abhängig von diesem Erwachsenen bist und dieser das ausnutzt. Auch wenn du sehr verknallt in deine 30-jährige Lehrerin sein solltest, solltest du dir klarmachen, dass sie doppelt so alt ist wie du und die Wahrscheinlichkeit gering ist, dass sie deine Gefühle im gleichen Maße erwidert. Außerdem würde sie ernsthafte Schwierigkeiten bekommen, wenn das rauskommt!

Wenn dich jemand sexuell belästigt hat, hast du das Recht, ihn anzuzeigen. Falls du dich nicht traust, direkt zur Polizei zu gehen, wende dich an eine Beratungsstelle für Lesben oder Schwule in deiner Nähe.

DAZU BIST DU NOCH ZU JUNG ...

Das ist sicher einer der ärgerlichsten Sätze, den Erwachsene dir gegenüber loslassen können. Andererseits bist du in einem Alter, in dem du erst lernen musst die Erwachsenenwelt richtig einzuschätzen. Was ist harmlos, was ist gefährlich? Wo wird deine Gutgläubigkeit ausgenutzt?

Deshalb gibt es das Jugendschutzgesetz, das dir den Zutritt zum Nachtleben erst ab einem bestimmten Alter und nur bis zu einer bestimmten Uhrzeit erlaubt. Das gilt natürlich für jede Art von Disco oder Kneipe, ganz egal ob dort ein gemischtes Publikum oder ausschließlich Lesben oder Schwule verkehren.

Wenn du noch sehr jung bist und nicht alleine in die Disco darfst, solltest du Kontakte zur Homosexuellenszene erst einmal über Jugendgruppen knüpfen. Oder du fragst deine volljährige Schwester, ob sie mitkommt. Das ist dann gesetzlich in Ordnung, wenn deine Eltern ihr ein Schreiben mitgeben, aus dem hervorgeht, dass sie dich an dem und dem Tag in die und die Disco als Vertretung deiner Eltern begleitet. In dem Brief müssen außerdem deine Daten und die deiner Eltern stehen und deine Eltern müssen das Ganze unterschreiben.

Ansonsten gelten für dich (in Deutschland) folgende Regeln[10]: **In Discotheken**

Alter	erlaubt	bis zu welcher Uhrzeit?
0–17	öffentlicher Discobesuch zusammen mit den Eltern	unbegrenzt
0–17	öffentlicher Discobesuch zusammen mit einer »erziehungsbeauftragten Person« über 18	unbegrenzt
0–13	Besuch einer Tanzveranstaltung von Jugendhilfeträgern	bis 22 Uhr
14–15	Besuch einer Tanzveranstaltung von Jugendhilfeträgern	bis 24 Uhr
16–17	öffentlicher Discobesuch ohne Eltern	bis 24 Uhr
ab 18	öffentlicher Discobesuch ohne Eltern	unbegrenzt

In Gaststätten:

Alter	erlaubt	bis zu welcher Uhrzeit?
0–15	Gaststättenbesuch zusammen mit den Eltern	unbegrenzt
0–15	Gaststättenbesuch zusammen mit einer »erziehungsbeauftragten Person« über 18	unbegrenzt
0–15	Gaststättenbesuch ohne Eltern bei Einnahme einer Mahlzeit oder eines nichtalkoholischen Getränks	5–23 Uhr
0–17	Gaststättenbesuch ohne Eltern im Rahmen einer Veranstaltung eines Jugendhilfeträgers oder auf Reisen	unbegrenzt
16–17	Gaststättenbesuch ohne Eltern	5–24 Uhr
ab 18	Gaststättenbesuch, auch von Nachtbars und Nachtclubs	unbegrenzt

Außerdem darf man unter 18 Jahren nicht in Nachtclubs und Bordelle, darf sich keine Filme und (Computer-)Spiele ausleihen, die »nicht jugendfrei« sind, und darf keine pornografischen Websites besuchen.

Strafbar machst du dich zwar nicht, falls man dich dort erwischen sollte. Der Betreiber des Clubs oder der Website muss dafür sorgen, dass keine Jugendlichen Zutritt haben, und ist dran, falls er nicht gut genug aufgepasst hat. Aber du solltest trotzdem vorsichtig sein, dass du dich nicht irgendwo herumtreibst, wo man deine Unerfahrenheit ausnutzen könnte.

VORM TRAUALTAR

Es ist mir wichtig, dass es die eingetragene Lebenspartnerschaft gibt, aber nicht für mich. Für mich käme das nicht infrage. Ich würde wahrscheinlich auch nicht heiraten, wenn ich heterosexuell wäre. Wenn ich mich dazu entschließen würde, zu heiraten, dann möchte ich dieselben Rechte und Pflichten haben wie jedes heterosexuelle Paar auch. Ich möchte dann auch Steuerbegünstigungen haben, obwohl keine Kinder da sind. Ich finde, da ist vieles nicht zeitgemäß.

Matthias, 26

Es ärgert mich maßlos, dass die »eingetragene Lebenspartnerschaft« – im Volksmund fälschlicherweise »Homo-Ehe« genannt – der Ehe rechtlich nicht gleichgestellt ist. Die sogenannte »Homo-Ehe« ist einfach nach wie vor eine Ehe zweiter Klasse – mit gleichen Pflichten, aber weniger Rechten.

Cornelia, 24

Wahrscheinlich machst du dir aktuell noch nicht so viele Gedanken darüber, ob du deinen Freund oder deine Freundin später mal ganz offiziell heiraten kannst oder nicht. Aber da es gerade in diesem Punkt erst seit Kurzem eine gesetzliche Regelung gibt, solltest du darüber Bescheid wissen.

Über das Heiraten gibt es bei Schwulen und Lesben mindestens genauso unterschiedliche Meinungen wie bei Heterosexuellen. Und so gibt es Homosexuelle, die schon seit Jahren dafür gekämpft hatten, dass das sogenannte »Lebenspartnerschaftsgesetz« 2001 in Deutschland endlich umgesetzt worden ist, und andere, denen das ganz egal war, weil sie die Ehe sowieso für eine altmodische Institution halten.

Schwule und Lesben dürfen in Deutschland zwar nicht heiraten, aber sie dürfen eine »Lebenspartnerschaft« miteinander eingehen, die entweder im Standesamt oder vor einem Notar geschlossen wird. Diese entspricht in manchen Bereichen einer Ehe, in anderen aber nicht.

Beispiele für Gemeinsamkeiten und Unterschiede zwischen Ehe und Lebenspartnerschaft in Deutschland:

Rechtsbereich	Ehepartner	Lebenspartner
gegenseitige Pflicht zum finanziellen Unterhalt	Ja	Ja
gemeinsamer Familienname	auf Wunsch	auf Wunsch
steuerliche Vorteile im Vergleich zu Ledigen	Ja	Nein

Adoption der Kinder des Partners (Stiefkinderadoption)	möglich	möglich
gemeinsame Adoption fremder Kinder	möglich	nicht möglich

In der Schweiz trat das Bundesgesetz für die eingetragene Partnerschaft gleichgeschlechtlicher Paare am 1. Januar 2007 in Kraft, nachdem das Gesetz 2005 noch mal in einer Volksabstimmung bestätigt wurde.

In Österreich gibt es ein vergleichbares Gesetz nach wie vor nicht.

PAPA UND PAPA

Ich finde es frustrierend, dass es in Deutschland immer noch nicht möglich ist, als lesbisches oder schwules Paar Kinder zu adoptieren.

Cornelia, 24

Ich glaube, dass sich die Gesellschaft wandelt. Die Leute in den Städten sind jetzt schon offener und die Gedanken werden ein bisschen freier und sind nicht mehr so engstirnig. Wahrscheinlich selbst auf dem Land irgendwann. Ich denke, das wird es irgendwann geben, dass auch zwei Männer zusammen Kinder großziehen.
Es hat sich schon so viel getan. Und es braucht wahrscheinlich auch ein bisschen Zeit. Deutschland wird sich damit einfach schwertun, weil die Ehe so eine große Bedeutung hat.

Matthias, 26

Homosexuelle Paare können zusammen keine Kinder zeugen. Trotzdem gibt es viel mehr Kinder, die mit schwulen oder lesbischen Eltern aufwachsen, als allgemein bekannt ist. Oft hatten die Eltern erst eine heterosexuelle Beziehung und merkten erst später, dass sie lesbisch oder schwul sind. Dadurch gibt es alle Varianten von homosexuellen Eltern: alleinerziehende Lesben, schwule Paare, die Kinder aus früheren Ehen gemeinsam aufziehen, Lesben, die »Stiefmütter« sind, und Schwule, die ihre Kinder jedes zweite Wochenende bei sich haben.

Hat in einer Lebenspartnerschaft einer der Partner Kinder, kann der andere diese adoptieren und damit rechtlich vollwertiger Vater beziehungsweise Mutter werden. Natürlich nur, wenn der andere leibliche heterosexuelle Elternteil einverstanden ist, denn dieser verliert damit alle Rechte an seinen Kindern.

Es gibt aber zunehmend auch andere Arten, wie Lesben oder Schwule zu Kindern kommen:

> Lesben besorgen sich Sperma über ausländische Samenbanken (in Deutschland erhalten Sperma aus Samenbanken derzeit nur verheiratete Frauen, wenn ihr Partner nachgewiesen unfruchtbar ist)

> ein Verwandter, zum Beispiel der Bruder der späteren »Co-Mutter«, also der Frau, die das Kind nicht austrägt, wird Samenspender. Dadurch sind beide Frauen mit dem Kind auch biologisch verwandt

> ein lesbisches und ein schwules Paar tun sich zu einer Großfamilie zusammen und bekommen gemeinsam Kinder

> einer der beiden Partner adoptiert ein Kind, meist aus dem Ausland, da es in Deutschland nur wenige zu adoptierende Kinder gibt

> das Paar nimmt zusammen ein Pflegekind an

Nicht möglich ist in Deutschland bis jetzt die gemeinsame Adoption eines Kindes durch ein homosexuelles Paar. Verboten ist außerdem die Leihmutterschaft, durch die zum Beispiel in den USA Schwule Eltern geworden sind.

Es gibt bereits Studien über Kinder, die in sogenannten »Regenbogenfamilien« aufwachsen. Sie belegen, dass es diesen Kindern genauso gut geht wie solchen, die mit Eltern mit unterschiedlichen Geschlechts aufwachsen.

PROBLEME ÜBER PROBLEME

»Gott gebe mir die Gelassenheit, Dinge hinzunehmen, die ich nicht ändern kann, den Mut, Dinge zu ändern, die ich ändern kann, und die Weisheit, das eine vom anderen zu unterscheiden.«

Reinhold Niebuhr

Deine Homosexualität an sich ist kein »Problem«. Sie gehört zu den Dingen, die du nicht ändern kannst und sollst. Wenn du dich als Schwuler oder Lesbe pudelwohl in deiner Haut fühlst, deine Eltern dich liebevoll unterstützen und deine Freunde zu dir stehen, gibt es keinen Grund, dieses Kapitel zu lesen. Es kann aber auch sein, dass du das Gefühl hast, es alleine nicht zu schaffen. Dann nimm allen Mut zusammen und hol dir Hilfe.

UNTER DER KÄSEGLOCKE DER EINSAMKEIT

1999 wurde in Berlin bei jungen Lesben und Schwulen eine Studie durchgeführt[11]. Dabei kam heraus, dass überdurchschnittlich viele von ihnen während der Zeit des inneren Coming-out an Selbstmord gedacht hatten. Manche hatten auch Selbstmordversuche hinter sich. Grund dafür war häufig, dass sie sich einsam fühlten und niemanden zum Reden hatten.

Viele von ihnen leben inzwischen mehr oder weniger offen schwul oder lesbisch, und die meisten von ihnen fühlen sich wohl in ihrer Haut und haben ihren Platz in der Gesellschaft als Lesben und Schwule gefunden.

Vielleicht denkst du, dass dich niemand verstehen wird. Dass du der einzige Mensch auf der ganzen Welt bist, der solche seltsamen Gefühle hat. Du grübelst, wie katastrophal deine Eltern und Freunde reagieren könnten, wenn sie es wüssten. Und du merkst, dass du es einfach nicht mehr länger aushältst, so alleine zu sein. Soll das denn dein ganzes Leben so weitergehen?

Sicher nicht. Warte nicht unbedingt damit, dir Hilfe zu suchen, bis du es nicht mehr aushältst. Vielleicht ist der Zeitpunkt noch nicht gekommen, um mit deinen Eltern drüber zu reden. Vielleicht hast du keinen Freund, bei dem du dir momentan vorstellen kannst, dass er gut reagiert. Aber es gibt sicher jemanden, dem du dich anvertrauen kannst und der dichthält.

Wenn dir niemand in deinem Bekanntenkreis einfällt, such dir jemanden zum Reden, der sich auskennt. Stell dir vor, da ist jemand, der sagt: Kenne ich. Ging mir auch so. Kopf hoch! Und komm nächste Woche wieder, dann reden wir weiter. Oder wenn du eine Gruppe von Leuten in deinem Alter finden würdest, die schwul oder lesbisch sind und mit denen du etwas unternehmen kannst, ohne dich zu verstellen.

Sofort Hilfe holen musst du dir, wenn:

> *sich deine Gedanken über einen längeren Zeitraum nur noch im Kreis drehen und du dich auf nichts mehr konzentrieren kannst,*
> *du zu nichts mehr Lust hast und dich am liebsten unter der Bettdecke verkriechen würdest,*
> *du anfängst dir selbst wehzutun, sei es durch Gedanken, mit denen du dich niedermachst, oder körperlich,*
> *du Drogen nimmst,*
> *du an Selbstmord denkst.*

Auch wenn du gerade ganz unten bist mit deinem Selbstbewusstsein: Du hast dieses Buch gelesen. Du hast es gelesen, weil du dir selbst so viel wert bist, dass du glücklich und frei leben willst. Und zwar genau so, wie du bist, schwul, lesbisch oder bisexuell. Das kannst du schaffen.

Du wirst durch die Straßen gehen mit erhobenem Haupt und dich gut fühlen, du wirst dich verlieben und zurückgeliebt werden, du wirst morgens aufwachen und neben dir einen anderen warmen Körper spüren – wenn du jetzt nicht aufgibst, sondern einen Schritt weitergehst.

ENDLICH HÖRT JEMAND ZU!

Hilfe gibt es in Deutschland meistens kostenlos und sie ist immer streng vertraulich. Alle Berufsgruppen, die irgendwas mit Beratung und Hilfe zu tun haben, haben Schweigepflicht und dürfen nichts von dem weitererzählen, was du ihnen anvertraust.

Für die Unterstützung durch soziale Einrichtungen musst du nichts bezahlen, sie werden aus Steuern und Spenden finanziert. Wenn du zu einem Psychotherapeuten gehen willst, bezahlt das oft die Krankenkasse.

Das Einzige, was es dich selbst kostet, ist vielleicht etwas Überwindung, bei einer Beratungsstelle anzurufen und einen Termin zu vereinbaren. Manche Stellen kannst du sicher auch per E-Mail kontaktieren, wenn dir das leichter fällt.

Anleitung für Zögerliche:

> *Such dir eine Adresse aus dem Anhang dieses Buches raus oder aus einem Telefonbuch beziehungsweise Adressverzeichnis. Übersichtliche und aktuelle Listen gibt es auch im Internet.*
> *Ruf dort an oder schreib eine E-Mail. Wenn du dich von zu Hause aus nicht traust, ruf vom Handy aus an oder geh in ein Internet-Café.*
> *Schleppe die Nummer nicht zwei Wochen lang in der Hosentasche rum. Grübeln hilft nichts!*
> *Es kommt nicht drauf an, dass du sofort genau sagen kannst, was du willst. Sag oder schreib, dass du jemanden zum Reden brauchst. Alles andere ergibt sich später im Gespräch.*
> *Wenn du nicht gerne telefonierst oder keinen Internetanschluss hast, geh direkt zu der Beratungsstelle hin oder zum offenen Treffen einer Gruppe.*

Wenn du es geschafft hast, zu einer Beratungsstelle oder einer Gruppe Kontakt aufzunehmen, bist du schon einen gewaltigen Schritt weiter. Du hast die Käseglocke der Einsamkeit angelupft und bist dabei, darunter hervorzukrabbeln.

Jemand wird dir zuhören, jemand, der dich versteht, weil er oder sie ähnlich fühlt wie du. Du wirst sehen, wie alles leichter wird, weil du endlich mit jemandem gesprochen hast. Und dass derjenige dir gezeigt hat, dass du okay bist, so wie du bist, und dass es viele gibt, Millionen, die so fühlen wie du und die damit glücklich sind.

Vielleicht hast du auch schon eine erste Aussicht bekommen, wie es weitergehen kann: mit deiner Familie, mit deinen Freunden und in der Schule. Denn die Entscheidung, ob du dort Farbe bekennen willst, musst du erst noch treffen.

diversity München: *Eine Gruppe stellt sich vor*

Unter dem Dachverband »diversity München« haben sich verschiedene Jugendgruppen für Lesben, Schwule und Bisexuelle zusammengeschlossen. Wir sind eine von Jugendlichen selbst gestaltete und verwaltete Initiative mit dem Ziel, für München ein eigenes LesBiSchwules Jugendzentrum zu schaffen, um für junge Homosexuelle eine feste Anlaufstelle einzurichten.

Bisher konnten wir schon folgende Schritte verwirklichen:

> *diversity-Café: Wöchentlich veranstalten wir ein offenes Treffen für alle Schwulen, Lesben, Bisexuelle und deren FreundInnen bis 26.*

> *J.U.N.G.S.: Wöchentliches Abendprogramm für schwule und bisexuelle Jungen von 16 bis 26.*

> *JuLes bei diversity: Lesbische und bisexuelle Mädchen bis 27 treffen sich ebenfalls wöchentlich zur gemeinsamen Freizeitgestaltung.*

> *diversity-Teens: Schwule und bisexuelle Jungs unter 20 finden hier ersten Kontakt zu Gleichgesinnten.*

> *No Difference: Viermal im Jahr steigt die große nicht kommerzielle LesBiSchwule Jugendparty.*

> *20+pos.: Gruppe von HIV-Positiven unter 30, die sich regelmäßig treffen.*

> *Aufklärungsprojekt: Eine Gruppe von Lesben und Schwulen führt in Schulen und Jugendzentren Diskussionsveranstaltungen durch und bietet Fortbildungen für Pädagogen an.*

Du findest uns auch im Internet unter www.diversity-muenchen.de.

Weitere Gruppen findest du im Adressteil ab S. 120.

IN UNSERER FAMILIE GIBT ES SO ETWAS NICHT

Für manche Eltern ist die Mitteilung ihres Kindes, dass es homosexuell ist, so alltäglich, als würde es sagen, dass es Feuerwehrmann werden will oder sich einen Goldhamster anschaffen. Andere brauchen Zeit, um sich an den Gedanken zu gewöhnen. Diese Zeit solltest du ihnen lassen, gerade dann, wenn auch du Zeit gebraucht hast, um deine Homosexualität zu akzeptieren.

Anders sieht es aus, wenn deine Eltern richtig heftig reagieren und es für dich zu Hause nur noch unerträglich ist. Manche Menschen haben so starke Vorurteile gegen Schwule und Lesben, dass sie es nicht aushalten, wenn ihr eigenes Kind zu dieser Gruppe gehören soll. Die Reaktion kann dann entweder so sein, dass sie ihre Tochter oder ihren Sohn abweisen, als gehöre sie oder er nicht mehr zu ihnen. Oder sie tun so, als hätte es das Coming-out nie gegeben, und schweigen es einfach tot.

Sofort Hilfe holen musst du dir, wenn deine Eltern:

> *dich beschimpfen oder körperliche Gewalt anwenden,*
> *drohen, du seiest nicht mehr ihr Sohn oder ihre Tochter,*
> *noch immer deinen besten Freund als zukünftigen Schwiegersohn und deine Geliebte als Bekannte ansehen,*
> *dir den Umgang mit gleichaltrigen schwulen oder lesbischen Freunden verbieten.*

Wenn deine Eltern nicht damit klarkommen, dass du schwul oder lesbisch bist, wird dich das sicher belasten, gerade wenn du sehr jung bist und noch zu Hause wohnst. Verlier jetzt nicht den Kopf! Wenn du zum Beispiel einfach abhaust, können dich deine Eltern als vermisst melden und die Polizei bringt dich schleunigst wieder nach Hause. Danach ist die Stimmung bei euch daheim sicher nicht entspannter als vor deiner Aktion.

NACH DEM FAMILIENKRACH

Vielleicht hast du schon ein paar Kontakte in die homosexuelle Szene, lesbische und schwule Freunde, eine Gruppe, in der du dich wohlfühlst. Prima, dann gibt es wen, der dir den Rücken stärkt. Wenn zu Hause jetzt alles schiefläuft, können deine Freunde dich trösten.

Da du minderjährig bist, haben aber deine Eltern in deinem Leben eine Menge mitzureden. Falls du es zu Hause nicht mehr aushältst oder du meinst, dass mal ein Experte mit deinen Eltern reden sollte, dann wende dich am besten ans Jugendamt.

Das Jugendamt

Jugendämter gehören entweder zur Stadtverwaltung oder zum Landratsamt, je nachdem ob du in einer kreisfreien Stadt oder auf dem Land lebst. Sie sind verpflichtet, Kindern und Jugendlichen, die Schwierigkeiten haben, zu helfen. Meistens nehmen sie dabei eine Art Vermittlerrolle ein. Das heißt, dass der Sozialpädagoge, mit dem du einen Termin vereinbarst, dich nicht über lange Zeit selbst betreut, sondern die passende Hilfe für dich zu finden versucht.

Das kann zum Beispiel sein:

> Gespräche mit deinen Eltern (eventuell gemeinsam mit dir) in einer Erziehungsberatungsstelle, die dazu bei-

tragen sollen, dass deine Eltern deine Homosexualität
akzeptieren
> eine betreute Wohngemeinschaft oder Pflegefamilie,
in der du leben kannst, wenn du es daheim nicht mehr
aushältst
> die gerichtliche Bestellung eines Pflegers, der be-
stimmte Rechte, die normalerweise deinen Eltern zuste-
hen, übertragen bekommt (beispielsweise das Umgangs-
recht)

Du kannst deinen Eltern auch vorschlagen, Kontakt zu einer Gruppe von Angehörigen und Freunden Homosexueller aufzunehmen (Adresse siehe Anhang S. 123). Vielleicht entspannt sich die Situation etwas, wenn deine Eltern Leute treffen, die in der gleichen Lage sind wie sie selbst.

KEIN GEDANKE AN DIE SCHULE

Zugegeben: Schule kann manchmal ganz schön öde sein. Keiner hat Lust, geistige Höchstleistungen zu vollbringen, wenn draußen die Sonne scheint und man genauso gut ins Schwimmbad gehen könnte. Und niemand kann sich auf Formeln und Grammatik konzentrieren, wenn er gerade vor lauter Verliebtheit schlaflose Nächte hat. Aber irgendwie kommt man trotzdem durch.

Ein echtes Problem wird es, wenn du dich überhaupt nicht mehr aufs Lernen konzentrieren kannst, weil du dich so viel mit dir selbst und deiner neuen Entdeckung, lesbisch oder schwul zu sein, beschäftigen musst. Oder wenn du von Mitschülern oder Lehrern, die Bescheid wissen, schlecht behandelt wirst.

> **Sofort Hilfe holen musst du dir, wenn:**
> - *du auch in deinen Lieblingsfächern nur noch Löcher in die Luft starrst,*
> - *du regelmäßig die Schule schwänzt,*
> - *du Angst vor Mitschülern oder Lehrern hast, Schulkameraden oder Lehrer fiese Sachen zu dir sagen oder körperlich aggressiv werden,*
> - *du keine Rückendeckung innerhalb der Schule findest.*

Wenn du einfach den Kopf und das Herz voll mit anderen Themen als Physik und Latein hast, dann ist es wichtig, dass du dir selbst was Gutes tust, sei es, dass du dir eine Beratungsstelle suchst oder eine Gruppe anderer lesbischer und schwuler Jugendlicher, mit denen du deine Freizeit verbringen kannst. Wenn du irgendwo jemanden hast, mit dem du über deine Gedanken und Gefühle reden kannst, dann musst du nicht im Geschichtsunterricht darüber nachgrübeln. Stattdessen kannst du das Thema, das dich gerade beschäftigt, auf den Nachmittag verschieben.

Besonders in Schulen ist der Druck stark, so sein zu müssen wie die Mehrheit. Und du bist – zumindest in einem nicht ganz unwichtigen Teil deiner Persönlichkeit – nicht so. Das kann dazu führen, dass Leute gegen dich arbeiten, die ihr eigenes geringes Selbstbewusstsein zu vertuschen versuchen, indem sie den großen Macker raushängen lassen. Solche Leute suchen sich als Opfer alle, die schwächer oder anders sind: die Jüngeren und Sensibleren, aber auch Schwarze, Behinderte, Schwule und Lesben. Falls du angegriffen wirst, vergiss nie: Wer wirklich stark ist, hat es nicht nötig, andere fertigzumachen! Mobbing ist immer ein Zeichen von Schwäche.

Mobbing (englisch, »to mob« = »anpöbeln«, »angreifen«, »über jemanden herfallen«):

Unter Mobbing versteht man, wenn eine Person innerhalb einer Gruppe (zum Beispiel Schulklasse, Arbeitsstelle) systematisch Psychoterror ausgesetzt wird. Das kann beispielsweise durch üble Gerüchte geschehen, die man über denjenigen in Umlauf bringt, oder indem man so tut, als würde er gar nicht existieren. Mobbing kann einen nervlich kaputtmachen. Wer gemobbt wird, muss sich so schnell wie möglich Hilfe holen!

NOTFALLS: SCHULE WECHSELN

Meistens lassen Mobber sich nicht durch Argumente zur Vernunft bringen. Wenn du keine Chance hast, mit den Mobbern zu reden oder sie mithilfe von Mitschülern in ihre Schranken zu weisen, dann musst du dich an höhere Instanzen wenden.

Der erste Schritt, wenn andere Schüler oder ein Lehrer dich verspotten oder ausgrenzen, sollte möglichst schulintern sein. Lass dir von deinen Eltern helfen, wenn du dich ihnen gegenüber schon geoutet hast und sie dich unterstützen. Ihr könnt euch an den Vertrauenslehrer wenden oder an den Rektor der Schule und mit diesem beratschlagen, was ihr gemeinsam unternehmen könnt.

Hast du das Gefühl, dass der Vertrauenslehrer oder das Rektorat deine Probleme nicht ernst nehmen, kannst du dich auch mit deiner Beschwerde ans Schulamt oder das Kultusministerium wenden. Dieses sorgt im Extremfall dafür, dass du die Schule wechseln kannst.

Nervt es euch auch, dass auf Schulhöfen Schüler und Schülerinnen deshalb beschimpft werden, weil sie angeblich oder tatsächlich lesbisch oder schwul sind?

Wundert ihr euch auch, warum viele Lehrer und Lehrerinnen dann so tun, als hätten sie nichts gehört?

Kennt ihr Freundinnen, die sich mal in ein Mädchen, oder Freunde, die sich in einen Jungen verliebt haben, und nicht wussten, mit wem sie darüber sprechen können?

Wollt ihr etwas über die Geschichte der Lesben- und Schwulenbewegung wissen?

Wollt ihr lernen, aktiv gegen Vorurteile und Gewalt einzutreten ?

Habt ihr Fragen zum Coming-out?

FLUSS e.V. ist eine Gruppe von zehn Lesben und Schwulen, die in Schulen und Jugendgruppen gehen und mit Jugendlichen offen über ihre Fragen zum Thema lesbische und schwule Lebensweisen reden. Wenn ihr mit uns diskutieren und eure Fragen zum Thema loswerden möchtet, ruft uns an oder mailt uns. Wir kommen gerne auch in eure Schulklasse oder Jugendgruppe, wenn ihr im Umkreis von bis zu 150 km um Freiburg wohnt. Weitere Infos zu unserem Projekt findet ihr auf unserer Homepage: www.fluss-freiburg.de.

Weitere Adressen zum Thema »Schule« findest du ab S. 124.

Wenn du schon in der Ausbildung bist, musst du dir ebenfalls nicht gefallen lassen, dass Kollegen sich über dich lustig machen. Beschwerden beim Vorgesetzten oder Firmenchef sind vielleicht nicht der erste Schritt, aber bei anhaltendem Mobbing unvermeidbar. Wenn auch der Chef dich nicht unterstützt, solltest du die Ausbildungsstätte wechseln.

Such dir aber auf jeden Fall erst eine neue Firma, bevor du kündigst, sonst stehst du auf einmal ganz ohne Lehrstelle da.

Hilfe beim Ausbildungswechsel bieten dir:

> *die Industrie- und Handelskammer: www.ihk.de*
> *die Gewerkschaftsjugend: www.dgb-jugend.de (hier gibt es im Internet Beratung bei »Dr. Azubi«)*
> *oder, falls es das in deinem Job gibt, bei einem Verein schwuler und lesbischer Kollegen, zum Beispiel: Schwule und lesbische Polizisten: www.velspol.de*
> *Homosexuelle Feuerwehrleute: www.feuerwehr-gays.de*

ANGEHÖRIGE UND FREUNDE

Dieses Kapitel ist für diejenigen geschrieben, die dieses Buch in die Hand genommen haben, weil jemand in ihrer Familie oder ihrem Freundeskreis sich als homosexuell ge-outet hat, und die Probleme damit haben.

Für manche Eltern ist das Coming-out erst einmal ein Schock. Einige Jugendliche fühlen sich unbehaglich, plötzlich mit einem Schwulen oder einer Lesbe befreundet zu sein. Auch Geschwister distanzieren sich teilweise erst einmal, vielleicht auch aus Angst, die Homosexualität sei angeboren und sie selber seien auch schwul oder lesbisch.

Das alles ist verständlich als erste Reaktion auf eine unerwartete Mitteilung. Auf die Dauer hilft es aber weder dem Betroffenen weiter noch seiner Umgebung, wenn man nicht lernt, die sexuelle Orientierung des Sohnes, der Schwester oder des Freundes zu akzeptieren.

WAS HABEN WIR NUR FALSCH GEMACHT?

Als meine Freundin plötzlich so oft zu Besuch kam, hat meine Mutter irgendwann gefragt, ob das was Näheres ist. Sie wusste ja, dass meine Freundin lesbisch ist. Im Moment hofft sie, glaube ich, schon, dass es nur eine Phase ist. Sie würden es schon akzeptieren, denke ich, aber lieber wäre ihnen doch ein Mann zum Heiraten und Kinderkriegen – also eine Art »Bilderbuch«-Familie.

Katharina, 20

Fragen nach einer Freundin würge ich immer ab. Da gebe ich eine lapidare Antwort und das war es dann. Dann merken sie, dass ich darüber nicht sprechen will. Ich denke, meine Mum weiß es. Mein Vater, nein, der weiß das niemals, so wie ich ihn einschätze. Es sei denn, meine Mutter hat ihm irgendwas gesagt, aber das weiß ich nicht.

Olaf, 27

Zu meiner Mutter habe ich – auch aus anderen Gründen – kein so gutes Verhältnis. Sie hat, glaube ich, lange gehofft, dass es nur eine Phase ist. Ab und zu hat sie so Fragen gestellt wie, ob ich da noch immer hingehe zu diesen Treffen am Donnerstag. Oder ob ich eine Freundin habe. Das sollte Toleranz ausdrücken, aber es war nie richtig offen und selbstverständlich.

Cornelia, 24

Irgendwas müssen Sie wohl falsch gemacht haben in Ihrer Erziehung, sonst wäre Ihr Kind doch geworden wie Sie, ganz »normal« eben. So denken Sie vielleicht unwillkürlich nach der Mitteilung Ihres Sohnes oder Ihrer Tochter. Und es gibt sicher keine Mutter und keinen Vater, denen dazu nichts einfallen würde: Der Sohn ist schwul, weil die Mutter alleinerziehend ist. Die Tochter ist eine Lesbe, weil der Vater sie immer zum Fußball mitgenommen hat. Oder weil die Mutter zu behütend war. Oder der Vater einen richtigen Mann aus seinem Jungen machen wollte. Oder, oder …

Nach wie vor ist nicht geklärt, was die Ursache von Homosexualität ist. Es ist immer wieder wichtig, sich das ins Bewusstsein zu rufen, wenn man sich den Kopf zermartert, warum ausgerechnet das eigene Kind homosexuell ist. Keiner weiß das!

Und das ist auch gut so. Ihr Kind ist nämlich nicht krank. Es ist nicht süchtig. Es ist nicht behindert. Es muss nicht »geheilt« werden.

Ihr Kind empfindet Zuneigung, Liebe, Sehnsucht nach anderen Menschen. Und diese gehören, anders als bei der Mehrheit der Jugendlichen, demselben Geschlecht an wie es selbst. Das ist alles.

Dass Sie das nicht sofort nehmen können, wie es ist, ist verständlich. Vielleicht haben Sie bisher keine besonders positive Einstellung zu Schwulen oder Lesben gehabt. Das geht vielen Leuten so, die Homosexuelle nur vom Hörensagen kennen. Auch Sie haben Vorurteile verinnerlicht, die allgemein in unserer Gesellschaft die Runde machen: Der Schwule ist kein richtiger Mann, die Lesbe keine richtige Frau. Zu Zeiten Ihrer Eltern wurden Homosexuelle noch verfolgt, waren Kriminelle oder Perverse.

Das alles hat mit Ihrem Kind nichts zu tun. Ihr Kind ist weder ein Straftäter noch ein psychisch Kranker. Wenn Ihr Sohn ein bisschen einfühlsamer sein sollte als die Mehrheit der Jungen, ist das sicher kein Fehler. Ein Mädchen zu einer selbstbewussten jungen Frau erzogen zu haben, kann man auch nur loben.

Das alles aber hat nichts mit der sexuellen Orientierung Ihres Kindes zu tun. Es sind angeborene Charaktereigenschaften oder Verhaltensweisen, die Sie und andere Menschen in der Umgebung Ihres Kindes ihm vorgelebt haben.

Trotzdem bleiben natürlich Dinge, die Ihnen Sorgen machen, auf die Sie gerne verzichtet hätten: Die Infektionsrate mit HIV ist bei Schwulen höher als bei Heterosexuellen. Wird Ihr Sohn immer die nötige Vorsicht walten lassen, um sich nicht zu infizieren? Außerdem kommt es auch immer wieder zu Diskriminierungen gegenüber Homosexuellen, seien es Anpöbeleien oder sogar Handgreiflichkeiten. Auch davor würden Sie Ihr Kind sicher gerne bewahren.

Vielleicht haben Sie sich für die Zukunft Ihres Kindes Heirat und Familie vorgestellt. Die eingetragene Lebenspartnerschaft bietet mittlerweile einen eheähnlichen Status. Sie müssen sich nur von dem Gedanken verabschieden, dass da Braut und Bräutigam vor dem Altar stehen. Aber vielleicht findet Ihr Kind einen lieben Partner oder eine Partnerin fürs Leben.

Auch viele heterosexuelle junge Menschen heiraten heute nicht mehr und bleiben kinderlos. Sie hätten also, auch wenn Ihr Kind nicht schwul oder lesbisch wäre, keinerlei Garantie auf eine Durchschnittsfamilie.

Wenn Ihr Kind einen guten Charakter hat, in der Schule mitkommt, gesund ist, Freunde hat und Interesse an der Welt, dann haben Sie sicher nicht viel falsch gemacht. Dann ist jetzt vor allem eines wichtig: Lassen Sie es nicht fallen!

ES BLEIBT IMMER IHR KIND

Ihr Kind hat vielleicht einen harten Kampf hinter sich. Unter Umständen hat es Jahre gedauert von der ersten Erkenntnis, anders zu sein als die meisten Menschen, bis zur Mitteilung Ihnen gegenüber. Unter Umständen hat sich Ihr Kind in diesen Jahren zurückgezogen, eine Mauer um sich aufgebaut. Es war einsam, es hat versucht so zu sein wie alle und gemerkt, dass es sich damit nur selbst belügt.

Jetzt hat es geschafft, sich Ihnen gegenüber zu öffnen. Oder es hat seine sexuelle Orientierung so offensichtlich gelebt, dass Sie von selbst darauf gekommen sind.

Natürlich müssen Sie sich erst einmal mit der neuen Situation abfinden. Aber vergessen Sie dabei nicht, dass Ihr

Kind Sie mehr braucht denn je und dass das Coming-out ein Vertrauensbeweis Ihnen gegenüber war. Dass es ernst genommen werden möchte in seinen Gefühlen und als der oder die akzeptiert werden, der er oder sie ist.

Wenn Sie starke Gefühle der Wut, Trauer, Enttäuschung empfinden, sollten Sie diese nicht runterschlucken. Aber suchen Sie sich jemanden außerhalb der Familie zum Reden, vermitteln Sie nicht Ihrem Kind Schuldgefühle dafür, dass es Ihnen schlecht geht. Ihr Kind hat schon genug mit sich selbst zu kämpfen.

Sagen Sie: »Ich fühle mich so hilflos! Ich bin momentan völlig überfordert! Lass uns reden, wenn ich ein bisschen verarbeitet habe, was du mir mitgeteilt hast.« Und nicht: »Das darf nicht wahr sein. Wieso tust du mir solch einen Kummer an?«

Jammern dürfen Sie bei Ihrer besten Freundin. Bei einem Therapeuten. Oder einer Selbsthilfegruppe für Eltern Homosexueller. Aber nicht bei Ihrem Kind!

Es hat Ihnen nichts angetan. Außer er oder sie selbst zu sein und Ihnen zu vertrauen.

HILFE, MEINE FREUNDIN IST LESBISCH!

Meine frühere Banknachbarin hatte erst ein Problem damit. Sie hat immer gleich Angst gekriegt, wenn ich sie angestupst habe, und gedacht, dass das ansteckend ist oder dass ich was von ihr will. Sie hat dann doch gemerkt, dass es ganz lustig ist, neben mir zu sitzen. Mit der Zeit ist sie eine meiner besten Freundinnen geworden. Jetzt hat sie leider die Schule gewechselt.

Sylvie, 17

So, jetzt ist es raus: Du hast eine Lesbe als Freundin. Oder einen Schwulen als Freund. Und du wusstest gar nicht, was du sagen solltest in dem Moment. Weil du von Lesben und Schwulen keine Ahnung hast. Und jetzt nie mehr alles so sein wird wie vorher. Wie soll das gehen, wenn ihr zusammen ins Schwimmbad geht und gemeinsam duscht? Oder wenn ihr nur zu zweit in deinem Zimmer Musik hört? Macht er oder sie sich dann nicht an dich ran?

Es kann ja sein, dass du der unwiderstehlichste Typ der ganzen Schule bist. Oder man dir das bezauberndste Lächeln der Welt zuspricht. Aber sicher ist trotzdem auch nicht jedes Mädchen der Schule in dich verknallt. Und nicht jeder Junge schmilzt, wenn du ihn ansiehst. Genauso wenig muss dein schwuler Freund oder deine lesbische Freundin in dich verliebt sein oder dich irgendwie erotisch finden. Wenn er oder sie dir seine sexuelle Orientierung anvertraut hat, ist die Wahrscheinlichkeit sogar recht gering. Denn bei jemandem, in den man verliebt ist, kommt einem so ein Bekenntnis viel schwerer über die Lippen.

Also: Sprich mit ihm drüber. Und wenn klar ist, dass er nichts von dir will, dann sei ein guter Freund und lass ihn nicht allein.

Falls deine Freundin in der Schule Schwierigkeiten hat, weil sie lesbisch ist, zeig öffentlich, dass du zu ihr stehst. Wenn jemand sie blöd anredet, sei an ihrer Seite. Zeig deiner Freundin, dass du sie magst, so wie sie ist.

Wenn man dich blöd anmacht, weil du mit einer Lesbe/einem Schwulen befreundet bist:

> *Zeige deutlich, dass du keine Angst vor den Angreifern hast. Mach klar, dass du selbst heterosexuell bist, falls dir das wichtig ist. Aber dass dir die Freundschaft*

> *mit dem lesbischen Mädchen/dem schwulen Jungen*
> *was bedeutet.*
> *> Falls die Angreifer zu beschränkt sind, um das zu ka-*
> *pieren, strafe sie durch Nichtbeachtung.*
> *> Wenn du und dein Freund/deine Freundin richtig ge-*
> *mobbt werden, sucht euch unbedingt Hilfe. Entweder*
> *bei Erwachsenen, die euch und die Mobber kennen,*
> *zum Beispiel Lehrern oder Gruppenleitern, oder bei*
> *Beratungsstellen oder Gruppen für Homosexuelle.*

Was tust du aber, wenn dir eine Lesbe oder ein Schwuler in deiner Umgebung verständlich macht, dass er oder sie in dich verliebt ist? Vielleicht ist dir diese Freundschaft sehr wichtig und du willst denjenigen nicht verlieren.

Auch zwischen Heterosexuellen gibt es Freundschaften, die mit Liebe und Sexualität nichts zu tun haben. Manchmal geht man zusammen einem Hobby nach oder kann einfach wunderbar miteinander reden, auch über Probleme mit den Eltern, Liebeskummer oder Ähnliches. Solche Freundschaften gibt es teilweise auch mit Exfreunden oder Exfreundinnen, mit Leuten, von denen einer mal in den anderen verliebt war, aber abblitzte, oder zwischen Leuten, die mal in zehn Jahren ein tolles Liebespaar sein werden, ohne davon heute etwas zu ahnen.

Wieso sollte so etwas also nicht auch zwischen euch möglich sein? Ihr müsst nur immer sehr ehrlich sein. Wenn dein schwuler Freund nicht zeigen dürfte, dass er traurig ist, weil du ihn nicht liebst, müsste er sich vor dir verstecken. Wenn du nicht erzählen dürftest, dass du nicht in deine lesbische Freundin verknallt bist, sondern in den Nachbarsjungen, dann müsstest du lügen.

Ihr müsst euch also wirklich alles anvertrauen. Dann kann mit der Zeit aus der Verliebtheit Freundschaft werden. Und wenn ihr das nicht hinkriegt: Du wirst neue Freundinnen finden, falls ihr euch zerstreitet. Und sie wird ihre große Liebe vielleicht entdecken, sobald sie dich aufgegeben hat.

GANZ IM VERTRAUEN ...

Die Lehrer haben damals auch mitgekriegt, dass mich die anderen als schwul bezeichnen. Aber die haben das einfach ignoriert. Das war kein Thema. Es hat mich keiner in Schutz genommen. Ich kann mir vorstellen, dass es das heute immer noch so gibt. Vielleicht sogar noch ausgeprägter und extremer. In Sexualkunde wurde kurz erwähnt, dass es das auch gibt, Männer und Männer. Aber das hatte ganz wenig Platz.

Matthias, 26

Vielleicht lesen Sie dieses Buch als Erwachsener, der in seiner Funktion als Lehrer, Seelsorger, Leiter einer Jugendgruppe oder Ähnliches mit der Homosexualität eines seiner Schützlinge konfrontiert worden ist. Wenn der Jugendliche sich Ihnen persönlich anvertraut hat, besagt das sicher, dass Ihre Einstellung für ihn eine hohe Bedeutung hat. Vielleicht sind Sie sogar die erste Person, der gegenüber er sich öffnet.

Dann sollten Sie behutsam antworten und ihn oder sie ermutigen, zu der eigenen sexuellen Orientierung zu stehen, sie zu akzeptieren und zu leben. Wenn Sie den Jugendlichen so mögen, wie er ist, und keinen Unterschied in Ihrer Wertschätzung machen, wird auch der Jugendliche sich selbst leichter so annehmen können, wie er ist.

Unter Umständen können Sie beim Coming-out gegenüber den Eltern oder innerhalb der Schule, des Vereins oder Ähnlichem unterstützend tätig sein. Bieten Sie dem Jugendlichen auf jeden Fall an, dass er sich jederzeit an Sie wenden kann, falls Schwierigkeiten auftauchen sollten. Er braucht jetzt einen Menschen, der ihm den Rücken stärkt.

Vielleicht ist die Homosexualität des Jugendlichen auch innerhalb der Gruppe, die Sie leiten, mehr oder weniger offen in Ihr Blickfeld geraten. Es wird über jemanden getuschelt, ob er schwul sein könnte. Oder Sie vermuten selbst, dass eines der Mädchen lesbisch ist.

Wenn derjenige sein Schwul- oder Lesbischsein innerhalb der Klasse oder Gruppe bis jetzt nicht offen zeigt oder ausspricht, sollten Sie auf jeden Fall zuerst mit ihm alleine darüber sprechen. Vielleicht möchte derjenige das Thema nicht allgemein aufs Tablett bringen.

Jeder hat das Recht dazu, in einer bestimmten Umgebung kein Coming-out zu haben, und geoutet zu werden kann eine sehr verletzende Erfahrung sein, die als bevormundend oder entblößend empfunden wird!

Wenn der Jugendliche Ihre Unterstützung wünscht und Sie ihm helfen möchten, können Sie eine Unterrichtseinheit oder Gruppenstunde zum Thema »Homosexualität« abhalten. Unterstützung dabei gibt es auch von schwul-lesbischen Gruppen, die Aufklärungsprojekte für Schulklassen anbieten (s. Adressteil S. 124/125).

GEMEINSAM STARK

In welchem Verhältnis Sie auch immer zu dem schwulen oder der lesbischen Jugendlichen stehen, ob als Mutter, Bruder, Freund, Lehrerin oder Fußballtrainer, unterschätzen Sie Ihre Rolle nicht!

Laut einer Berliner Studie (s. Kasten Seite 97) ist das größte Problem homosexueller Jugendlicher das Gefühl der Einsamkeit. Wie wichtig sind da Eltern, die das Coming-out positiv aufnehmen! Freunde, bei denen man so sein darf, wie man ist! Oder wenn auch nur ein einziger Mensch da ist, mit dem man vertrauensvoll reden kann!

Stehen Sie Ihrem Kind, Freund oder Schüler bei, wo immer Sie können. Sorgen Sie für eine Umgebung, in der homophobe Vorurteile keinen Platz haben und Sie sich als Angehöriger so wenig verstecken müssen wie der Jugendliche selbst. Falls der Jugendliche eine feste Partnerschaft hat, laden Sie den Freund oder die Freundin mit ein, wenn ein Geburtstag gefeiert oder ein Grillabend veranstaltet wird. Die beiden gehören zusammen, und das dürfen auch Tante Berta und Nachbar Krause wissen.

Viele homosexuelle Jugendliche sind auch froh, wenn sie beim ersten Kontakt zu einer Beratungsstelle oder beim ersten Besuch einer schwulen oder lesbischen Veranstaltung oder Disco nicht alleine sind. Besonders gleichaltrige Freunde können da eine große Hilfe sein. Geh mit, wenn er oder sie sich nicht alleine traut! Auch wenn du dich für stockheterosexuell hältst, wird es für dich eine spannende Erfahrung sein, die »Szene« zu besuchen. Und dein Freund oder deine Freundin wird schnell merken, wo er oder sie sich wohlfühlt und wo nicht, und deine Unterstützung nicht mehr brauchen.

UND WER DENKT AN MICH?

Ja, das klingt alles so einfach, der Tante und dem Nachbarn gegenüberzutreten und zu sagen: »Übrigens, Sarah hat jetzt eine feste Freundin und die kommt Sonntag zum Kaffee vorbei.«

Für manche Angehörigen ist der Weg von der Mitteilung bis zum selbstverständlichen Umgang mit der Homosexualität ein langer. Und viele machen ihre Enttäuschung, ihr Hadern und ihre Sorgen mit sich alleine aus, genauso einsam, wie viele Homosexuelle zunächst mit der Entdeckung umgehen, dass sie aufs gleiche Geschlecht stehen.

Das muss aber nicht so sein. Auch Eltern, Geschwister oder Freunde können sich Hilfe holen, jemanden, mit dem man über seine Gefühle sprechen und der sie nachvollziehen kann. Gute Adressen hierfür sind in Deutschland die BEFAH und in der Schweiz FELS (s. Adressteil S. 124/125), in denen sich Freunde und Angehörige von Homosexuellen zusammengeschlossen haben, um sich gegenseitig zu unterstützen.

Sie werden feststellen, es geht vielen so, dass sie erst einmal Zeit brauchen, um das Coming-out ihrer Kinder zu verarbeiten. Und dass es die meisten irgendwann schaffen, wenn sie grundsätzlich bereit dazu sind, und ein gutes Verhältnis zu ihren schwulen oder lesbischen Kindern behalten oder neu aufbauen.

Sorgen Sie für sich und Ihr Familienleben!

ADRESSEN

HOMOSEXUELLE VERBÄNDE

Lesben- und Schwulenverband in Deutschland (LSVD)
Bundesgeschäftsstelle
Pipinstraße 7
D-50667 Köln
☎ 02 21/92 59 61-0
Fax: 02 21/92 59 61-11
E-Mail: lsvd@lsvd.de
www.lsvd.de

Homosexuellenintitiativen Österreich
www.hosi.at

HOSI Wien
Novaragasse 40
A-1020 Wien
☎ 01/216 66 04
E-Mail: office@hosiwien.at
www.hosiwien.at

Rosalila PantherInnen
Steirisches Schwulen- & Lesbenzentrum
Annenstraße 26
A-8020 Graz
☎ 03 16/36 66 01
Fax: 03 16/31 85 40
E-Mail: rlp@homo.at
www.homo.at

Homini
8. Mai-Straße 17, 4. Stock (bitte läuten)
A-9020 Klagenfurt
☎ 06 60/34 51 26
E-Mail: info@homini.at
www.homini.at

HOSI Linz
Schubertstraße 36
A-4020 Linz
☎ / Fax: 0 70/60 98 98
E-Mail: ooe@hosilinz.at
www.hosilinz.at

HOSI Salzburg
Müllner Hauptstraße 11 A
A-5020 Salzburg
☎/ Fax: 06 62/43 59 27-27
E-Mail: office@hosi.or.at
www.hosi.or.at

HOSI Tirol
Innrain 100, 1.Stock
A-6020 Innsbruck
☎ 05 12/56 24 03
Fax: 05 12/57 45 06
E-Mail: office@queertirol.com
www.queertirol.com

HOSI Vorarlberg
Postfach 841
A-6854 Dornbirn
☎ 0 55 74/46 90 414 (privat)

PINK CROSS (Dachorganisation der Schweizer Schwulen)
Zinggstr. 16
CH-3001 Bern
☎ 031/3 72 33 00
Fax: 031/3 72 33 17
E-Mail: office@pinkcross.ch
www.pinkcross.ch

Lesbenorganisation Schweiz (LOS)
Postfach 455
CH-3000 Bern 14
☎ 0 31/3 82 02 22
Fax 0 31/3 82 02 24
E-Mail: info@los.ch
www.los.ch

JUGENDVERBÄNDE

www.schwulejugendgruppen.de:
schwule und lesbische Gruppen in Deutschland,
Österreich und der Schweiz

Jugendnetzwerk Lambda
Bundesgeschäftsstelle
Windthorststr. 43a
D-99096 Erfurt
☎ 03 61/6 44 87 54
Fax: 03 61/6 44 87 52
E-Mail: info@lambda-online.de
www.lambda-online.de

LSVD fresh
Postfach 32 32
D-49022 Osnabrück
☎ 0700/57833737
Fax: 0700/57833737
E-Mail: fresh@lsvd.de
www.fresh.lsvd.de

JUNX
Verein für LesBiSchwule Jugendliche
Postfach 75
A-2700 Wiener Neustadt
☎ Hotline (jeden Dienstag und Freitag von 18:00 bis
21:00 Uhr) 06 99/10 23 68 92
E-Mail: junx@junx.at
www.junx.at

(weitere österreichische Jugendgruppen bei den oben an-
gegebenen regionalen Homosexuellen-Verbänden)

Diagonal
Neugasse 31
CH-8005 Zürich
info@ediagonal.ch
www.ediagonal.ch

www.traudi.ch
☎ 0848/80 50 80

FREUNDE UND ELTERN

Bundesverband der Eltern, Freunde und Angehörigen
von Homosexuellen (BEFAH) e.V.
Hauptgeschäftsstelle Hannover
Sigrid und Uwe Pusch
Anton-Freytag-Straße 43
D-30823 Garbsen
☎ 0 51 31/47 80 50
Fax: 0 51 31/47 73 20
E-Mail: info@befah.de
www.befah.de

Freundinnen, Freunde und Eltern von Lesben und
Schwulen (FELS)
Bruchmattrein 5
CH-6003 Luzern
☎ 0 31/2 40 08 77
E-Mail: fels@fels-eltern.ch
www.fels-eltern.ch

SCHULAUFKLÄRUNGSPROJEKTE

FLUSS e.V. (Freiburgs Lesbisches Und Schwules
Schulprojekt)
Hornusstraße 16
D-79108 Freiburg
☎ 07 61/1 37 86 26
E-Mail: mail@fluss-freiburg.de
www.fluss-freiburg.de

ABqueer e.V.
Aufklärungsprojekt
Sanderstraße 15
D-12047 Berlin
☎ 0 30/92 25 08 44
Fax: 0 30/92 25 08 45
E-Mail: a-projekt@abqueer.de
www.abqueer.de

Referat für gleichgeschlechtliche Lebensweisen
ÖH Uni Graz
Schulworkshop
Schubertstraße 6
A-8010 Graz
E-Mail: schulprojekt@gaystudent.at
www.gaystudent.at

Für die Deutschschweiz (außer Kanton Bern):
Gleichgeschlechtliche Liebe Lernen – das andere Schulprojekt
E-Mail: kontakt@gll.ch
www.gll.ch

ABQ Schulprojekt
Gleichgeschlechtliche Liebe
Postfach 506
CH-3000 Bern 9
E-Mail: abq@abq.ch
www.abq.ch

Weitere Links zum Thema Schule unter:
www.lesben.org/schule.htm

CHRISTENTUM

Ökumenische Arbeitsgruppe Homosexuelle und Kirche
(HuK) e.V.
c/o Büro Seehausen & Sandberg
Merseburger Straße 4
D-10823 Berlin
☎ 0 30/78 95 45 99
Fax: 0 30/78 71 17 53
E-Mail: verwaltung@huk.org
www.huk.org

Ökumenische Arbeitsgruppe Homosexuelle und Glaube
Postfach 513
A-1011 Wien
☎ 06 76/4 01 25 69
E-Mail: verein@hugwien.at
www.hugwien.at

Lesbische und Schwule Basiskirche Basel
c/o Offene Kirche Elisabethen
Elisabethenstraße 10
CH-4051 Basel
E-Mail: info@lsbk.ch
www.lsbk.ch

QUELLEN

[1] CSD: Christopher Street Day: siehe auch Kasten Seite 75

[2] Liedtext aus »Die Drei von der Tankstelle« von Komponist Werner Richard Heymann

[3] s. S. 101 Jules

[4] inersits, München s. S. 101

[5] »Monogam« bedeutet, dass man nur mit einem Partner Sex hat. Das Gegenteil ist »polygam«.

[6] Songtitel der Berliner Band »Element of Crime«

[7] aus: Bischof Joachim Vobbe: »Gott traut uns. Wir trauen Gott. Gedanken zum Ehesakrament.« S. 39 ff., Alt-Katholischer Bistumsverlag 2003

[8] Quelle: Magnus-Hirschfeld-Archiv für Sexualwissenschaft

[9] Kinsey et al. (1948): Sexual Behaviour in the Human Male

[10] entnommen aus Sylvia Englert, Marie-Luise Kunst: »Der Rechtsratgeber für Jugendliche«, Ueberreuter 2005

[11] »Sie liebt sie. Er liebt ihn.« Senatsverwaltung für Schule, Jugend und Sport, Fachbereich für gleichgeschlechtliche Lebensweisen, Berlin 1999.

DANKSAGUNG

Hiermit möchte ich mich für die vielfältige Unterstützung bedanken, die ich beim Verfassen dieses Buches erhalten habe:

Beim Schwulen Kommunikations- und Kulturzentrum München Sub e.V. sowie beim Forum Homosexualität und Geschichte München e. V. für das Zur-Verfügung-Stellen von umfangreicher Literatur, bei Bernhard Horwatitsch für die laufende Versorgung mit aktuellen Pressemitteilungen zum Thema, bei Sylvia Englert für die zahlreichen praktischen Tipps aus ihrer Schreiberfahrung, bei FLUSS e. V. und diversity für die Vorstellung ihrer Projekte im Buch.

Bei Cornelia, Katharina, Sylvie, Olaf und Matthias dafür, dass sie mir ihre Geschichte erzählt haben, bei Marc Rohweder fürs kritische Lesen des fertigen Manuskripts aus schwuler Sicht, und natürlich bei Gerd Rumler, meinem Agenten, und meiner Lektorin Constanze Breckoff für die ständige gute Zusammenarbeit.